Vito Tagliente
Corinna Plumbohm

Deutsch KOOPERATIV!

Klasse 7

Kernthemen des Lehrplans
mit kooperativen Lernmethoden
erfolgreich umsetzen

AV Auer

Bildquellenverzeichnis:
Seite 43: Unfallopfer © iva – Shutterstock, Nr. 19574557
Seite 44: Gärtnerin © kurhan – Shutterstock, Nr. 77397289
Seite 45: Jugendliche © Patrizia Tilly – Fotolia, Nr. 16494759
Seite 46: Unfall © Evgeny Murtola – Shutterstock, Nr. 20978257

Gedruckt auf umweltbewusst gefertigtem, chlorfrei gebleichtem und alterungsbeständigem Papier.

1. Auflage 2014
Nach den seit 2006 amtlich gültigen Regelungen der Rechtschreibung

Illustrationen: Thorsten Trantow, Boris Braun, Julia Flasche, Steffen Jähde, Sandra Schüler
Umschlaggrafik: © Kristina Afanasyeva – Fotolia, © alexghidan89 – Fotolia
Satz: fotosatz griesheim GmbH
Druck und Bindung: Kessler Druck + GmbH & Co. KG
ISBN 978-3-403-**07508**-0
www.auer-verlag.de

Was ist kooperatives Lernen?

Beim kooperativen Lernen arbeiten die Schüler* als gleichberechtigte Lernpartner in Kleingruppen zusammen. Dabei werden kognitives und soziales Lernen miteinander verbunden: Neben den Lerninhalten kommt den sozialen Prozessen eine besondere Bedeutung zu – die Gruppenmitglieder entwickeln eine positive gegenseitige Abhängigkeit in dem Wissen, dass sie nur als wirkliches Team erfolgreich sein können. In der Kooperation nehmen die Schüler abwechselnd die Rolle eines Lehrenden und die eines Lernenden ein.

Kooperative Arbeitsformen im Unterricht

Kooperatives Lernen stellt eine große Bereicherung für den Unterricht dar: Im Austausch mit anderen erreichen die Schüler ein tieferes Verständnis der Inhalte; sie argumentieren, sie entwickeln und reflektieren Begriffe und Vorgehensweisen, sie vergleichen unterschiedliche Lösungswege und verwenden verschiedene Darstellungsebenen für die Präsentation ihrer Ergebnisse. Wissen wird auf diese Weise flexibler und vom Kontext unabhängiger. Langfristig erlernen die Schüler beim kooperativen Arbeiten die grundlegenden sozialen Kompetenzen, um auch im Team erfolgreich zu arbeiten: sich abzusprechen, sich zu akzeptieren und miteinander zu kooperieren. Fachliches und soziales Lernen werden gleichermaßen gefördert – was auch im zukünftigen Arbeitsleben eine besondere Bedeutung hat.

Weitere Effekte kooperativen Lernens

- Die Schüler entwickeln eine positive Einstellung zum Lerngegenstand.
- Das soziale Klima in der Klasse verbessert sich.
- Die Fähigkeit zum selbstständigen Arbeiten wird auf- und ausgebaut.
- Die Kommunikations- und Kooperationsfähigkeit steigt.
- Das Selbstwertgefühl und die Bereitschaft zur Verantwortungsübernahme steigen an.
- Lernen wird umso effektiver, je aktiver die Schüler bei der Informationsaufnahme tätig sind. Individuelle Lernstrategien können entwickelt und ausprobiert werden. Neue Informationen müssen mit vorhandenen Informationen in Verbindung gesetzt werden.

Die Reihe „Deutsch kooperativ“

Kooperative Arbeitsformen werden im Unterricht häufig aus pragmatischen Gründen vernachlässigt:
Es herrscht Unsicherheit bei der Umsetzung der Lernmethoden; der Aufwand für das Erstellen eigener Materialien ist hoch.
Die Reihe „Deutsch kooperativ“ geht genau diese Probleme an und bietet Abhilfe: praxiserprobte Materialien zum schnellen Unterrichtseinsatz mit Hinweisen, wie der Einsatz der Methoden erfolgreich funktioniert. Dabei werden Kernthemen des Lehrplans abgedeckt, die sich optimal für kooperatives Lernen eignen. Die einzelnen Bände bauen aufeinander auf: Bereits verwendete Methoden, mit denen die Schüler schon sicher umgehen können, werden wieder aufgegriffen und mit neuen Methoden kombiniert.

Zur Arbeit mit dem Band

Jedes Thema wird mit einer kooperativen Arbeitsform verknüpft. Die Themen können Einzelstunden oder auch Teil einer Sequenz sein. Im Rahmen jeder Einheit werden der Lehrkraft zunächst die kooperative Lernmethode erläutert und deren Einsatz mit Bezug auf das konkrete Stundenthema begründet. Fachdidaktische Anmerkungen, Tipps und Hinweise zur Durchführung sowie eine Auflistung des benötigten Materials schließen sich an. Entsprechende Kopiervorlagen werden direkt mitgeliefert. So kann fachlich fundiert, aber trotzdem ganz unkompliziert eine Einheit mit kooperativem Lernen umgesetzt werden.
Die im Band verwendeten Methoden werden am Ende des Buches nochmals in kompakten Methodensteckbriefen erklärt und veranschaulicht. Lösungen zu den Arbeitsmaterialien runden den Band ab.

Mit diesen Materialien schaffen Sie erfolgreich eine kooperative Lernkultur, die zum Lernerfolg Ihrer Schüler beiträgt – gerade auch in heterogenen Klassen.

Viel Freude und Erfolg dabei wünschen Ihnen
Corinna Plumbohm und Vito Tagliente

---

* Aufgrund der besseren Lesbarkeit ist in diesem Buch mit Schüler auch immer Schülerin gemeint, ebenso verhält es sich mit Lehrer und Lehrerin etc.

Methode

Die Methode Runder Tisch ermöglicht es den Schülern, nacheinander vier verschiedene Meinungen zum selben Thema kennenzulernen. Dazu setzen sie sich mit unterschiedlichen Positionen und Argumenten auseinander, müssen diese in eigenen Worten wiedergeben und ihnen zustimmen oder widersprechen. Mithilfe dieser Methode muss zwar jeder eigenständig argumentieren, die Gruppe ist aber auf jeden Einzelnen angewiesen und jeder erhält bei Schwierigkeiten Unterstützung sowie Impulse zur Weiterarbeit. Auf kooperative Weise werden somit die Sozial- und die Kommunikationskompetenz gefördert.

Hinweise/Tipps

Die Schüler werden in Vierergruppen eingeteilt. Anfangs beschäftigt sich jeder mit einer anderen Position zum Thema „Strenge in der Erziehung“. Die Materialseiten 2 bis 5 enthalten dazu neben einem einheitlichen Informationstext jeweils ein Interview mit unterschiedlichen Personen. Bei abweichender Klassengröße sind auch Fünfergruppen denkbar, in denen dann zwei Schüler, die nicht nebeneinander sitzen sollten, dasselbe Interview erschließen.
Im weiteren Verlauf der Gruppenarbeit begegnen den Schülern unterschiedliche Argumente und Meinungen zum Thema, die aus Interviews stammen, die sie nicht selbst gelesen haben. Bei lernschwachen Schülern empfiehlt es sich, eine Differenzierung anzubieten, indem diese auf das Sich-Hineinversetzen in die interviewte Person verzichten und stattdessen bereits bei Aufgabe 2 aus der eigenen Sicht diskutieren. Die Texte liefern den Schülern Anhaltspunkte für die eigene Argumentation. Grundsätzlich ist es wichtig, dass die zuvor gelesene Meinung in die eigene Meinungsäußerung eingebaut wird, damit nicht nur eine Reihe von losgelösten Argumenten auf dem Blatt steht. So kann tatsächlich – zumindest im Ansatz – eine richtige Diskussion entstehen. Darauf sollten die Schüler vorab gezielt hingewiesen werden.
Aufgrund der rein schriftlichen Auseinandersetzung mit dem Thema bietet sich für die Lehrkraft die Möglichkeit einer anschließenden Überprüfung der Diskussionen.
Das Diskussionsthema ist so gewählt, dass es die Jugendlichen anspricht, weil es sie direkt betrifft. Trotzdem sollte im weiteren Unterrichtsverlauf darauf verzichtet werden, nach persönlichen Zuständen im Elternhaus der Schüler zu fragen, da es sich dabei um ein sehr privates und unter Umständen prekäres Thema handelt.
Lassen Sie im Anschluss die Gruppenarbeit und die schriftliche Diskussion reflektieren, um Anhaltspunkte für die Weiterarbeit zu erhalten.

Material

- Materialseite 1
- Materialseiten 2 bis 5 jeweils in ein Viertel der Klassenstärke
- leere Extrablätter

Argumente aufgreifen und weiterführen

1 Lies den dir zugeteilten Text aufmerksam und genau. Bearbeite anschließend die folgenden Aufgaben.

a Unterstreiche die vier wichtigsten Aussagen im Text.

b Gib in eigenen Worten wieder, welche Meinung die interviewte Person zum Thema „Wie streng sollten Kinder erzogen werden?“ vertritt.

c Womit begründet die Person ihre Meinung? Schreibe die Argumente heraus und formuliere in eigenen Worten einen zusammenhängenden Text.

2 Für die folgenden Aufgaben kannst du auf diese Verknüpfungsbausteine zurückgreifen:

Ich finde … Ich denke … Meiner Meinung nach … Meiner Ansicht nach …
Meines Erachtens … Ich widerspreche … Ich stimme (der Person) zu …
Einerseits … andererseits … Ich glaube … Ich empfinde …

Tipp: Wenn du für „das“ nicht „dieses“, „jenes“ oder „welches“ einsetzen kannst, wird es mit Doppel-s geschrieben, z. B. Ich finde, **dass** der Junge …

a Schreibe auf ein Extrablatt die Überschrift: „Sollten Kinder strenger erzogen werden?“. Versetze dich anschließend in die Lage der interviewten Person und übertrage eines der Argumente aus deinem Text in eigenen Worten auf das Blatt. Reiche es danach an deinen rechten Nachbarn weiter.

b Lies das Argument deines Nachbarn. Formuliere eine kurze Zusammenfassung in eigenen Worten und schreibe danach auf, inwiefern du ihm zustimmst oder widersprichst. Versuche dabei, aus der Sicht des Interviewten zu argumentieren. Reiche danach das Blatt an deinen rechten Nachbarn weiter.

c Wiederholt dieses Vorgehen, bis ihr zwölf Argumente auf jedem Blatt stehen habt.

3 Wie stehst du selbst zu dem Thema „Sollten Kinder strenger erzogen werden?“?

a Schreibe dazu einen zusammenhängenden Text, bestehend aus mindestens zehn Sätzen. Du darfst bereits genannte Aspekte aufgreifen, kannst aber auch neue formulieren, um deine Meinung darzulegen.

b Reiche deinen Text an deinen rechten Nachbarn weiter.

c Lies den Text deines Nachbarn. Schreibe darunter einen Antworttext, in dem du dich zu seinen Aussagen äußerst, ihm begründet zustimmst oder widersprichst.

Schläge bei Kindern oft wirkungslos

Eine Umfrage der Zeitschrift ELTERN zeigt, dass viele Mütter und Väter immer noch Schläge als Erziehungsmaßnahme anwenden, obwohl diese oft wirkungslos sind. 1 003 Eltern wurden anlässlich der Erhebung befragt. Sie gaben an, dass Stress der Hauptgrund für Schläge sei. Obwohl die Befragten äußerten, weder mit einem Klaps auf Finger oder Po noch mit Ohrfeigen und Hinternversohlen Wirkung erzielt zu haben, bekommen fast alle Kinder Klapse. Allerdings verliere diese Erziehungsmaßnahme mit zunehmendem Alter an Bedeutung. Ebenso muss deutlich unterschieden werden zwischen einem Klaps und Ohrfeigen: 70% der unter Zweijährigen wurden noch nie geohrfeigt, wohingegen 39% der unter Zweijährigen nahezu alle paar Tage etwas auf die Finger oder auf den Po bekommen. Laut der durchgeführten Umfrage würden die Zweitgeborenen deutlich weniger geschlagen als die Erstgeborenen.*

Dazu befragten wir den zwölfjährigen **Jakob.**

Frage: Wie ist deine Einstellung: Hältst du Schläge bei der Erziehung von Kindern für sinnvoll?

Jakob: Nein, ich bin auch von meinen Eltern noch nie geschlagen worden. Das würde sowieso nichts bewirken. Ich würde trotzdem versuchen, mich durchzusetzen.

Frage: Wie läuft das bei euch daheim: Du willst etwas und deine Eltern sind dagegen. Wie geht ihr damit um?

Jakob: Meine Eltern sind ziemlich locker, ich brauche meistens gar nicht zu fragen. Wenn ich etwas will, soll ich selbst überlegen, wie sinnvoll das ist und es mir dann einfach nehmen. Also, alles ganz easy.

Frage: Und wenn du richtig Mist gebaut hast, zum Beispiel in der Schule etwas Schlimmes angestellt hast?

Jakob: Meistens erzähle ich das meinen Eltern gar nicht. Wenn es so schlimm ist, dass sie von der Klassenlehrerin zu einem Gespräch eingeladen werden, gehen meine Eltern hin und hören sich an, was meine Lehrerin zu sagen hat. Das war es dann aber auch. Daheim sagen sie, ich müsste selbst wissen, was ich machen darf und was nicht. Also extrem entspannt. Gerade wenn ich mir Freunde anschaue, die kriegen manchmal richtig Stress mit ihren Eltern, darauf hätte ich echt gar keinen Bock!

Frage: Und wie findest du die Haltung deiner Eltern?

Jakob: Einerseits voll cool, aber manchmal auch blöd. – Ich meine, früher habe ich mal extra was angestellt, weil ich wissen wollte, wie sie reagieren. Aber da sie immer locker geblieben sind, brauchte ich mir nichts mehr auszudenken. Ich habe zu meinen Eltern ein eher freundschaftliches Verhältnis. Aber manchmal wünsche ich mir schon, dass mir meine Eltern sagen würden, was ich darf und was nicht. Das wäre auch entspannend, dann weiß man es einfach.

* vgl. Gewalt in der Erziehung, forsa-Studie im Auftrag der Gruner und Jahr AG & Co. KG für die Zeitschrift ELTERN, 2012.

Schläge bei Kindern oft wirkungslos

Eine Umfrage der Zeitschrift ELTERN zeigt, dass viele Mütter und Väter immer noch Schläge als Erziehungsmaßnahme anwenden, obwohl diese oft wirkungslos sind. 1 003 Eltern wurden anlässlich der Erhebung befragt. Sie gaben an, dass Stress der Hauptgrund für Schläge sei. Obwohl die Befragten äußerten, weder mit einem Klaps auf Finger oder Po noch mit Ohrfeigen und Hinternversohlen Wirkung erzielt zu haben, bekommen fast alle Kinder Klapse. Allerdings verliere diese Erziehungsmaßnahme mit zunehmendem Alter an Bedeutung. Ebenso muss deutlich unterschieden werden zwischen einem Klaps und Ohrfeigen: 70% der unter Zweijährigen wurden noch nie geohrfeigt, wohingegen 39% der unter Zweijährigen nahezu alle paar Tage etwas auf die Finger oder auf den Po bekommen. Laut der durchgeführten Umfrage würden die Zweitgeborenen deutlich weniger geschlagen als die Erstgeborenen.*

Dazu befragten wir die zwölfjährige **Lena.**

Frage: Wie ist deine Einstellung: Hältst du Schläge bei der Erziehung von Kindern für sinnvoll?

Lena: Weiß nicht, eigentlich nicht. Obwohl mir meine Eltern, als ich kleiner war, auch mal einen Klaps auf den Po gegeben haben, wenn ich trotzig war. Irgendwie kann ich das verstehen, aber gebracht hat es meinen Eltern meistens nichts. Ich habe trotzdem weitergemacht.

Frage: Wie läuft das bei euch daheim: Du willst etwas und deine Eltern sind dagegen. Wie geht ihr damit um?

Lena: Bei uns gibt es eher klare Regeln und Absprachen, was ich darf und was nicht. Ich muss alles mit meinen Eltern besprechen. Wenn sie dagegen sind, erklären sie mir meistens den Grund. Oft kann ich das verstehen, manchmal aber auch nicht. Das finde ich dann unfair. Gerade wenn ich andere Freundinnen sehe – die dürfen oft alles.

Frage: Und wenn du richtig Mist gebaut hast, zum Beispiel in der Schule etwas Schlimmes angestellt hast?

Lena: Dann sind meine Eltern sofort bemüht, die Sache zu klären. Wir reden über mein Verhalten, ich darf meine Sicht der Dinge schildern und dann kann ich auch Vorschläge machen, wie ich das wieder gutmachen kann. Wenn das meine Eltern o.k. finden, bringe ich alles wieder in Ordnung. Angst muss ich vor meinen Eltern keine haben.

Frage: Und wie findest du die Haltung deiner Eltern?

Lena: Eigentlich in Ordnung, manchmal finde ich sie zu streng, da könnten sie echt mehr erlauben. Aber ich kann viele Entscheidungen verstehen, mit meinen Eltern über alles reden und darf immer zu ihnen kommen, wenn ich Probleme habe.

* vgl. Gewalt in der Erziehung, forsa-Studie im Auftrag der Gruner und Jahr AG & Co. KG für die Zeitschrift ELTERN, 2012.

Schläge bei Kindern oft wirkungslos

Eine Umfrage der Zeitschrift ELTERN zeigt, dass viele Mütter und Väter immer noch Schläge als Erziehungsmaßnahme anwenden, obwohl diese oft wirkungslos sind. 1 003 Eltern wurden anlässlich der Erhebung befragt. Sie gaben an, dass Stress der Hauptgrund für Schläge sei. Obwohl die Befragten äußerten, weder mit einem Klaps auf Finger oder Po noch mit Ohrfeigen und Hinternversohlen Wirkung erzielt zu haben, bekommen fast alle Kinder Klapse. Allerdings verliere diese Erziehungsmaßnahme mit zunehmendem Alter an Bedeutung. Ebenso muss deutlich unterschieden werden zwischen einem Klaps und Ohrfeigen: 70% der unter Zweijährigen wurden noch nie geohrfeigt, wohingegen 39% der unter Zweijährigen nahezu alle paar Tage etwas auf die Finger oder auf den Po bekommen. Laut der durchgeführten Umfrage würden die Zweitgeborenen deutlich weniger geschlagen als die Erstgeborenen.*

Dazu befragten wir die **Mutter** des zwölfjährigen Jakob.

Frage: Wie ist Ihre Einstellung: Halten Sie Schläge bei der Erziehung von Kindern für sinnvoll?

Mutter: Nein, ich bin auch von meinen Eltern noch nie geschlagen worden. Ich hatte nie Angst vor meinen Eltern und aus mir ist ja schließlich auch ein anständiger Mensch geworden. Außerdem finde ich Schläge kein gutes Argument.

Frage: Wie läuft das bei Ihnen daheim: Jakob will etwas und Sie sind dagegen. Wie gehen Sie damit um?

Mutter: Wir versuchen, uns in Jakob hineinzuversetzen, und überlegen, ob es gerechtfertigt ist, was er möchte. Meistens erlauben wir ihm alles. Ich finde, er muss am eigenen Leib erfahren, welche Auswirkungen seine Entscheidungen haben. Nur dann kann er lernen, ob es richtig oder falsch war, wie er gehandelt hat.

Frage: Und wenn Jakob richtig Mist gebaut hat, zum Beispiel in der Schule etwas Schlimmes angestellt hat?

Mutter: Ich finde, Kleinigkeiten soll er ohne uns regeln. Wenn es so schlimm ist, dass wir von der Klassenlehrerin zu einem Gespräch eingeladen werden, gehen wir natürlich hin und hören uns an, was die Lehrerin zu sagen hat. Wir versuchen dann, daheim mit Jakob über sein Verhalten zu reden, und hören uns seine Sicht der Dinge an. Er soll die Sache aber selbstständig wieder in Ordnung bringen oder nicht. Zwingen tun wir ihn nicht. Das hat meiner Meinung nach keinen Sinn.

Frage: Und wie zufrieden sind Sie mit Ihrer Erziehungseinstellung?

Mutter: Ich möchte, dass mein Kind glücklich ist und keine Angst vor mir hat. Er ist ein selbstständiges Wesen und muss alleine Verantwortung für sein Handeln übernehmen – wie wir Erwachsenen auch.

* vgl. Gewalt in der Erziehung, forsa-Studie im Auftrag der Gruner und Jahr AG & Co. KG für die Zeitschrift ELTERN, 2012.

Schläge bei Kindern oft wirkungslos

Eine Umfrage der Zeitschrift ELTERN zeigt, dass viele Mütter und Väter immer noch Schläge als Erziehungsmaßnahme anwenden, obwohl diese oft wirkungslos sind. 1 003 Eltern wurden anlässlich der Erhebung befragt. Sie gaben an, dass Stress der Hauptgrund für Schläge sei. Obwohl die Befragten äußerten, weder mit einem Klaps auf Finger oder Po noch mit Ohrfeigen und Hinternversohlen Wirkung erzielt zu haben, bekommen fast alle Kinder Klapse. Allerdings verliere diese Erziehungsmaßnahme mit zunehmendem Alter an Bedeutung. Ebenso muss deutlich unterschieden werden zwischen einem Klaps und Ohrfeigen: 70% der unter Zweijährigen wurden noch nie geohrfeigt, wohingegen 39% der unter Zweijährigen nahezu alle paar Tage etwas auf die Finger oder auf den Po bekommen. Laut der durchgeführten Umfrage würden die Zweitgeborenen deutlich weniger geschlagen als die Erstgeborenen.*

Dazu befragten wir den **Vater** der zwölfjährigen Lena.

Frage: Wie ist Ihre Einstellung: Halten Sie Schläge bei der Erziehung von Kindern für sinnvoll?

Vater: Nein, ich bin von meinen Eltern damals geschlagen worden. Das wollte ich bei meinen eigenen Kindern nie. Kinder erfahren so meiner Meinung nach nicht ihre Grenzen.

Frage: Wie läuft das bei Ihnen daheim: Lena will etwas und Sie sind dagegen. Wie gehen Sie damit um?

Vater: Wir versuchen, Probleme durch klare Regeln zu vermeiden. Wir sagen Lena deutlich, was sie darf und was nicht. Das erklären wir ihr auch. Dann hören wir uns aber auch ihre Meinung dazu an und diskutieren mit ihr darüber. Bei manchen Dingen lassen wir uns von Lena überzeugen, bei anderen nicht. Dann muss sie sich an unsere Regeln halten. Immerhin sind wir ja ihre Eltern und können viel besser die Konsequenzen ihres Verhaltens einschätzen.

Frage: Und wenn Lena richtig Mist gebaut hat, zum Beispiel in der Schule etwas Schlimmes angestellt hast?

Vater: Wir sind immer sofort zur Stelle. Wenn es so schlimm ist, dass wir von der Klassenlehrerin zu einem Gespräch eingeladen werden, gehen wir natürlich hin und hören uns an, was die Lehrerin zu sagen hat. Wir reden daheim dann mit Lena über ihr falsches Verhalten. Sie muss Vorschläge bringen, wie sie die Sache wieder in Ordnung bringen kann. Wir entscheiden uns dann für einen und Lena schafft das Problem aus der Welt.

Frage: Und wie zufrieden sind Sie mit Ihrer Erziehungseinstellung?

Vater: Ich möchte, dass Lena Verantwortung für ihr Verhalten übernimmt und zu ihren Fehlern steht. Jeder macht mal Fehler, aber man muss sie wieder in Ordnung bringen. Auch wenn Lena manches nicht einsehen will. Ihr das zu vermitteln, sehe ich als ganz wichtige Aufgabe für uns Eltern.

* vgl. Gewalt in der Erziehung, forsa-Studie im Auftrag der Gruner und Jahr AG & Co. KG für die Zeitschrift ELTERN, 2012.

Methode

Die Methode Dreiergespräch fördert die Kommunikationskompetenz der Schüler. Aufgrund des vorgegebenen Themas und der festgelegten Sprechdauer ist jeder Schüler aufgefordert, sich gezielt und deutlich zu dem Gesprächsgegenstand zu äußern. Leitfragen dienen dabei als Orientierungshilfe. Außerdem werden die Schüler angewiesen, in ganzen Sätzen zu sprechen und einander genau zuzuhören, da sie im Anschluss an die erste Phase das Gesagte wiederholen müssen. Auf diese Weise werden sowohl das strukturierte Sprechen als auch das aktive Zuhören gefördert.

Hinweise/Tipps

Die Schüler werden in Dreiergruppen eingeteilt. Bei abweichender Klassengröße sind auch Vierergruppen denkbar. Allerdings erhöht das die Ablenkungsmöglichkeiten innerhalb der Gruppenarbeit, weshalb dies nur in Ausnahmefällen erlaubt werden sollte.
Aufgrund regionaler Unterschiede und damit die Schüler auch individuelle Ideen einbringen können, werden sie in Aufgabe 1 zuerst aufgefordert, drei eigene Ausflugsziele bzw. mögliche Aktivitäten anzugeben. Natürlich steht es darüber hinaus jeder Lehrkraft frei, Karten zu ergänzen oder wegzulassen. Im Anschluss daran wählen die Schüler in Gruppen reihum je eine Karte aus, zu der sie sich äußern möchten. Somit ist bereits eine erste Differenzierung gegeben, da die Schüler sich vermutlich für die Karte entscheiden, zu der sie am meisten sagen können. Zudem erleichtern ihnen die Leitfragen einen sinnvoll strukturierten Gesprächsbeitrag. Außerdem geht es nicht hauptsächlich um die Benennung tatsächlicher Fakten, sondern vor allem um die Förderung der Kommunikationskompetenz. Vermutungen oder Einschätzungen sind somit zulässig. Ein anderer Schüler fasst den Gesprächsbeitrag zunächst in eigenen Worten zusammen, bevor alle Gruppenmitglieder Ergänzungen oder Verbesserungsvorschläge anbringen dürfen.
Neben der Kommunikationsebene werden die Schüler auch darin geschult, sich mit verschiedenen Aspekten der Ausflugsplanung vertraut zu machen, und dazu angeleitet, selbstständig zu planen.
Eine Ausstellung, wie im nachfolgenden Kapitel vorgestellt, bietet sich für die Weiterarbeit besonders an.

Material

- Materialseite 1 für jede Dreiergruppe
- Materialseite 2 für jede Dreiergruppe (nur halbe Stückzahl kopieren, dann zuschneiden)
- Schere für jede Dreiergruppe
- evtl. eine Stoppuhr für jede Dreiergruppe zur Begrenzung der Redezeit

Einen Klassenausflug planen I

1 Auf den folgenden Kärtchen sind verschiedene Ausflugsziele vermerkt.

a Notiert auf den drei leeren Kärtchen drei weitere Ausflugsziele oder mögliche Aktivitäten in eurer Umgebung. Dabei spielt es erst einmal keine Rolle, ob euch diese gefallen würden oder nicht.

b Schneidet die Kärtchen aus und legt sie offen auf den Tisch.

Schwimmbad	Kino	Eissporthalle	Freizeitpark
Museum	Ausstellung	Stadtrundgang	Theater
Historische Orte	Religiöse Orte	Wandern	Radtour
Kletterwald	___	___	___

2 Der Erste wählt eine Karte aus und äußert sich zum Ausflugsziel. Dabei berücksichtigt er möglichst alle Leitfragen. Sprecht in ganzen Sätzen und versucht, für jede Karte eine Redezeit von zwei bis drei Minuten auszufüllen bzw. einzuhalten.

Wichtig: Die übrigen Teilnehmer hören zunächst nur zu. Widersprüche und Ergänzungen sind nicht erlaubt. Entscheidend sind nicht vollkommen korrekte Aussagen, sondern dass man sich gezielt Gedanken gemacht hat.

Nach Beantwortung aller Leitfragen fasst das nächste Gruppenmitglied die geäußerten Aspekte zusammen.

Erst jetzt dürfen die Zuhörer Ergänzungen oder Verbesserungsvorschläge anbringen.

Der Nächste in der Runde wählt nun eine Karte aus.

Dieser Ablauf wird wiederholt, bis jeder dreimal dran war.

Leitfragen

- Zu welchem Zeitpunkt ist es dort am schönsten?
- Wie viel Zeit benötigen wir für einen solchen Ausflug?
- Begünstigt ein bestimmtes Wetter einen Ausflug dorthin?
- Was würde dieser Ausflug in etwa kosten?
- Wie kommt man am besten hin und zurück?
- Welche Begleitpersonen sind sinnvoll oder müssen bedacht werden?
- Wie profitiert die Klasse von diesem Ausflug?
- Welche Besonderheiten und Regeln sind zu beachten?
- Welche zwei weiteren Argumente sprechen <u>für</u> dieses Ausflugsziel?
- Welche zwei weiteren Argumente sprechen <u>gegen</u> dieses Ausflugsziel?

Einen Klassenausflug planen I 2

Leitfragen

- Zu welchem Zeitpunkt ist es dort am schönsten?
- Wie viel Zeit benötigen wir für einen solchen Ausflug?
- Begünstigt ein bestimmtes Wetter einen Ausflug dorthin?
- Was würde dieser Ausflug in etwa kosten?
- Wie kommt man am besten hin und zurück?
- Welche Begleitpersonen sind sinnvoll oder müssen bedacht werden?
- Wie profitiert die Klasse von diesem Ausflug?
- Welche Besonderheiten und Regeln sind zu beachten?
- Welche zwei weiteren Argumente sprechen für dieses Ausflugsziel?
- Welche zwei weiteren Argumente sprechen gegen dieses Ausflugsziel?

Methode

Die Methode Ausstellung dient vor allem dem Einüben von Präsentations- und Kommunikationstechniken. Dazu zählt nicht nur die Präsentation als solche, sondern ebenso die genaue und zielgerichtete Vorarbeit. Die Schüler sollen in arbeitsteiliger Gruppenarbeit Informationen zusammentragen sowie den Einsatz von Medien planen und gewissenhaft vorbereiten. Zudem üben sie, ihre Ergebnisse vor einem Publikum zu präsentieren. Dabei wird Wert darauf gelegt, dass sie ihr Produkt nachvollziehbar und adressatengerecht darstellen.

Hinweise/Tipps

Die Schüler werden in Vierergruppen eingeteilt. Bei abweichender Klassengröße sind auch Dreier- oder Fünfergruppen denkbar. Sollten Sie die vorherige Sequenz zur Planung eines Ausflugs mit der Methode Dreiergespräch durchgeführt haben, empfiehlt es sich, die Gruppen neu zusammenzusetzen, damit eventuell unterschiedliche Meinungen aufeinandertreffen oder Inhalte ergänzt werden. Zur gegenseitigen Unterstützung bietet sich die Bildung leistungsheterogener Gruppen an, innerhalb derer durch den unterschiedlichen Schwierigkeitsgrad der Rechercheaufträge differenziert werden kann. Sollten Sie eine Differenzierung wünschen, verteilen Sie die Rechercheaufträge – abweichend von der Aufgabenstellung – selbst an die Schüler. Für schwächere Schüler eignen sich die Kategorien „Zeit“, „Dauer“ und „Begleitperson“ besonders. Es bleibt der Lehrkraft überlassen, ob sie den Gruppen jeweils ein Ausflugsziel zuteilt oder die Schüler selbst auswählen. Wichtig ist dabei lediglich, dass jedes Ausflugsziel nur einmal vorkommt.
Achten Sie während der Ausstellungsphase darauf, dass die Plakate mit ausreichend Abstand zueinander aufgehängt werden, sodass sich die Vortragenden nicht gegenseitig stören. Außerdem sollten die Schüler dazu angehalten werden, nicht nur eine Person präsentieren zu lassen. Gegebenenfalls kann eine Art „Schichtplan“ erstellt werden, damit jeder Schüler an die Reihe kommt. Legen Sie außerdem eine Anzahl an Zuhörern pro Plakat fest.
Nach Möglichkeit sollte tatsächlich ein Klassenausflug anvisiert werden, da dadurch die Motivation um ein Vielfaches erhöht wird. Die Schüler lernen so nicht nur den Aufwand einer durchdachten Planung kennen, sondern werden auch den Ausflug an sich mehr zu schätzen wissen.

Material

- Materialseiten 1 bis 3 für jede Gruppe
- Schere, Plakat und Stifte für jede Gruppe
- leere Extrablätter
- evtl. Bilder zu den Ausflugszielen (können auch von den Schülern eigenständig recherchiert und mitgebracht werden)

1 Teilt innerhalb der Gruppe die folgenden Teilbereiche so auf, dass jeder zwei Organisationsschwerpunkte eigenverantwortlich übernimmt. Schneidet dazu die Kärtchen sorgfältig aus und teilt sie untereinander auf.

Beantwortet die auf den Kärtchen notierten Fragen nicht nach Gefühl, sondern erkundigt euch …

… im Internet.
… bei anderen Lehrern oder Ansprechpartnern.
… bei den entsprechenden Ausflugszielen per Telefon, Mail oder über einen persönlichen Kontakt.

Die Rückseite eurer Kärtchen könnt ihr für Notizen verwenden. Eure endgültigen Ergebnisse solltet ihr aber leserlich auf einem Extrablatt festhalten.

Zeit:

- Welche Klassenarbeiten stehen demnächst an? Wann sind Ferien?
- Wann könnte man innerhalb der nächsten drei Monate am besten fahren?
- Gibt es spezielle Öffnungszeiten oder saisonale Pausen?

Ergänze gegebenenfalls weitere Fragen, um eine günstige Ausflugszeit zu bestimmen.

Dauer:

- Wie viel Zeit wollt ihr dort verbringen oder wie viel Zeit benötigt ihr, um möglichst viel zu erleben?
- Müssen Zwischenmahlzeiten einkalkuliert werden? Gibt es Möglichkeiten, unterwegs zu essen?

Ergänze gegebenenfalls weitere Fragen, um eine geeignete Ausflugsdauer zu bestimmen.

Hin- und Rückfahrt:

- Wann sollte gestartet werden und wann sollte der Ausflug enden?
- Können alle Schüler zur Startzeit problemlos die Schule erreichen und nach der Rückkehr wieder nach Hause kommen?
- Mit welchem Verkehrsmittel soll der Ausflug stattfinden? Erkundige dich auch nach Bus- und Zugpreisen.

Ergänze gegebenenfalls weitere Fragen, die die Hin- und Rückfahrt betreffen.

Kosten:

- Welche Eintrittspreise müssen kalkuliert werden?
- Gibt es Ermäßigungen für Schülergruppen?
- Müssen noch andere Kosten, z. B. für die Fahrt, eingeplant werden?

Ergänze gegebenenfalls weitere Fragen, die die Kosten betreffen.

Begleitperson:

- Wen würdet ihr gerne mitnehmen?
- Hat diese Person Zeit und Möglichkeit, um euch zu begleiten?
- Was spricht für die Begleitung durch diese Person?
- Was spricht dagegen?

Schlage mindestens zwei Personen vor, um dich abzusichern.

Wetter:

- Welches Wetter wäre ideal für euren Ausflug?
- Welche spontanen Alternativen gäbe es, wenn das Wetter an diesem Tag nicht mitspielt?
- Welche Kleidung wäre für den Ausflug am besten geeignet?

Ergänze gegebenenfalls weitere Fragen, die das Wetter betreffen.

Zweck des Ausflugs:

- Was könntet ihr bei dem Ausflug lernen oder üben?
- Welche Vorteile hat dieses Ausflugsziel für die Klassengemeinschaft?
- Gibt es Möglichkeiten, mit dem dort Erlebten im Unterricht weiterzuarbeiten?

Ergänzt gegebenenfalls weitere Fragen, die den Zweck des Ausflugs betreffen.

Besonderheiten:

- Welche Besonderheiten bietet gerade dieses Ausflugsziel gegenüber anderen Zielen?
- Gibt es etwas Besonderes, z. B. bestimmte Regeln, zu berücksichtigen?

Ergänzt gegebenenfalls weitere Fragen zu Besonderheiten des Ausflugsziels.

2 Stellt eure Ergebnisse innerhalb der Gruppe vor. Bedenkt dabei, dass einige Teilaspekte vielleicht zusammen betrachtet werden müssen, z. B. Kosten für Eintritt sowie Hin- und Rückfahrt.

3 Überlegt genau, ob euer Ausflugsziel weitere Planungsschritte voraussetzt, und klärt offene Fragen. Notiert eventuell weitere Rechercheaufträge und teilt sie untereinander auf.

4 Gestaltet nun eine Skizze für euer Plakat, mit dem ihr später euer Ausflugsziel präsentieren wollt. Auf dem Plakat sollten stichpunktartig nur die sieben wichtigsten Aspekte stehen. Außerdem sollten geeignete Bilder das Ausflugsziel veranschaulichen. Ziel ist es, euren Mitschülern später euer Ausflugsziel wahrheitsgetreu zu präsentieren, damit sie sich eine eigene Meinung bilden können.

Plakatskizze:

5 Fertigt nun euer Plakat an. Arbeitet sorgfältig. Schlagt bei Rechtschreibunsicherheiten im Wörterbuch nach.

6 Übt innerhalb der Gruppe eure Präsentation. Jeder von euch soll am Ende dazu in der Lage sein, nur mithilfe des Plakats das Ausflugsziel zu präsentieren und Fragen der Zuschauer zu beantworten. Achtet darauf, dass ihr eure Präsentation abwechslungsreich gestaltet und die Informationen und Bilder geschickt einbezieht.

Methode

Die Methode Brainwriting ermöglicht – ähnlich dem herkömmlichen Brainstorming – eine spontane Auseinandersetzung mit einem vorgegebenen Thema. Die Schüler müssen sich dabei nicht scheuen, ihre Eindrücke und Meinungen schriftlich festzuhalten. Außerdem werden bereits genannte Aspekte von nachfolgenden Schreibern aufgegriffen und weiter ausgeführt. Die Methode enthält somit eine integrierte Differenzierungsmöglichkeit, weil jeder Schüler nach seinen Fähigkeiten an Aspekte anknüpfen oder neue formulieren kann. Für die Weiterarbeit empfiehlt sich eine Methode, die die bisherigen Ergebnisse würdigt.

Hinweise/Tipps

Während das Lesen und Markieren des Textes (Materialseite 1) in Einzelarbeit geschieht, damit jeder seinem individuellen Lesetempo und seinen Deutungen folgen kann, werden die Schüler anschließend in Gruppen mit bis zu vier Personen eingeteilt. Alternativ kann der Text z. B. auch als vorbereitende Hausaufgabe zu Hause gelesen werden. Zu Beginn wird auf bis zu acht Tische jeweils ein Plakat gelegt, das durch eine senkrechte Linie in zwei Hälften unterteilt ist. Beschriften Sie zuvor die Spalten wie in der unten abgebildeten Grafik. Über der Trennlinie notieren Sie eines der folgenden Themen:

- Karriere und Schule gleichzeitig
- Psychische Auswirkungen
- Karrieredauer und anhaltender Ruhm
- Traumjob Superstar?

Die Gruppen verteilen sich an den Tischen. Nach einem Tonsignal halten die Schüler ihre Gedanken auf dem Plakat fest. Dabei dürfen sie die im Text genannten Aspekte aufgreifen sowie eigene Meinungen in die jeweilige Spalte ergänzen.
Mit einem erneuten Tonsignal wird das Ende dieser Phase eingeläutet, die Gruppen gehen an den nächsten Tisch und erweitern die dortigen Notizen oder ergänzen einen völlig neuen Aspekt. Wichtig ist hierbei, dass beide Spalten bearbeitet werden. So beschäftigen sich die Schüler gleichzeitig mit dem Textinhalt und mit der eigenen Position.
Im Anschluss daran sind die Gruppen aufgefordert, ihr erstes Plakat an sich zu nehmen, die Aspekte zu sortieren und eine Ergebnispräsentation vorzubereiten. Dabei sollte bedacht werden, dass bei bis zu acht Plakaten bereits ein Großteil der Stunde vergangen ist. Bei Zeitknappheit empfiehlt sich ein Verlegen der Präsentationen in die Folgestunde, ehe die Würdigung zu knapp ausfällt.

Material

- Materialseiten 1 und 2
- ein vorbereitetes Brainwriting-Plakat für jede Gruppe
- Wörterbücher
- Tonsignal

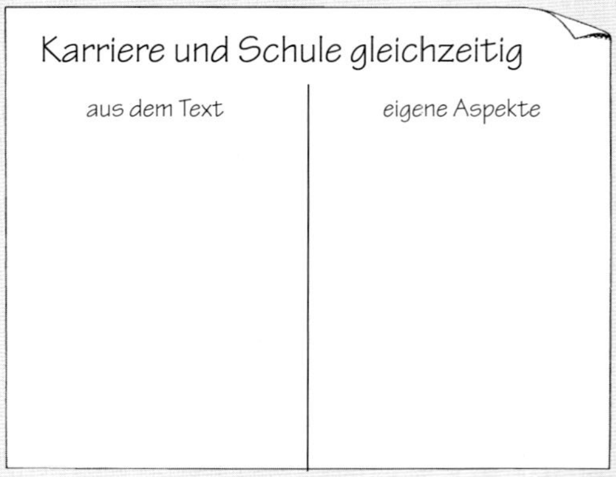

1 Lies den folgenden Text aufmerksam durch.

a Unterstreiche dabei die fünf wichtigsten Aussagen.

b Schlage unbekannte Wörter nach und notiere deren Bedeutung am Textrand.

Ich werde jetzt mal Superstar

Castingshows erfreuen sich nach wie vor großer Beliebtheit. Zwar sinken im Einzelnen die Quoten, aber insgesamt gibt es in jeder Altersgruppe weiterhin einen großen Prozentsatz an Zuschauern, der regelmäßig einschaltet. Dabei steht bei vielen gar nicht unbedingt im Vordergrund, wer am Ende gewinnt – das ist ein netter Nebeneffekt. Vielmehr geht es um Voyeurismus, das Zuschauen und Beobachten, wie die Kandidaten sich jeglicher Peinlichkeit aussetzen, um am Ende Verträge zu gewinnen, die sie auf lange Sicht auch nicht weiterbringen.
Nur wenige Ausnahmen erzielen den erhofften großen Erfolg und bleiben dem breiten Publikum über Jahre im Gedächtnis – zumindest mit ihren Gesangs-, Koch- oder Modelleistungen.
Aber was treibt junge Leute dazu, sich diesem Stress auszusetzen, wenn kein nennenswerter Erfolg in Aussicht ist? Wahrscheinlich ist es ein kleiner Funken Hoffnung, der die Kandidaten antreibt, schließlich haben Einzelfälle wie die No Angels, Mark Medlock und nicht zuletzt Lena Meyer-Landrut bewiesen, dass es doch irgendwie funktionieren kann. Außerdem bleibt bei vielen der unerschütterliche Glaube an das eigene Talent. Denn was die eigenen Eltern und Freunde gut finden, muss doch auch den Zuschauern vor dem Fernseher gefallen, oder? Nebenbei wird häufig vergessen, dass es auch ein Leben nach der Ausstrahlung im TV gibt, und man sich deshalb immer so verhalten sollte, dass man sich auch hinterher noch in sein normales Leben zurücktrauen kann. Denn dorthin müssen knappe 100% der Teilnehmer ohnehin wieder zurück.
Erschreckend ist, was viele Kandidaten bereit sind, für die Teilnahme an einer Castingshow aufs Spiel zu setzen. Häufig schildern die jungen Kandidaten, dass sie wegen ihrer Karriere bereits die Schule abgebrochen haben oder aber bereit sind, dies zu tun. Natürlich: Wozu braucht man schon einen Schulabschluss, wenn man stattdessen vier Wochen lang in aller Munde sein darf? Die Juroren, die anfangs noch den Ehrgeiz bestaunt und angekurbelt haben, lassen inzwischen schon mal vernehmen, dass sie dies nicht gut finden, aber das geht zwischen der Kritik am unterirdischen Gesang und der Schelte unter.
Hinzu kommt, dass es sicherlich nicht leicht auszuhalten ist, als selbstbewusster junger Mensch auf einer Bühne zu stehen, um dann wöchentlich live vor der Kamera zu hören, zu was man alles nicht taugt. Der ständige Konkurrenzdruck unter den Kandidaten tut sein Übriges. In Model- oder Bandhäusern herrschen Intrigen, Lästereien und ständige Nervenzusammenbrüche, weil man merkt, dass man dem Druck nicht gewachsen ist, wo doch der versprochene Plattenvertrag schon zum Greifen nah ist. →

Dabei stellt sich die Frage: Wie realitätsnah sind diese Castingsendungen? Wird dort wirklich gezeigt, wie andere Superstars und Supermodels ihren Alltag bestreiten? Oder wird der Realitätsbezug aufgegeben zugunsten der Zuschauer, die statt Authentizität lieber Tränen und gebrochene Persönlichkeiten sehen.

Aber dann gibt es natürlich noch die Wenigen, die es tatsächlich schaffen. Zumindest gelingt es ihnen, nach einem langen harten Kampf, dem Ausbreiten der gesamten Privatsphäre vor den Zuschauern, den Erniedrigungen von Seiten der Mitkandidaten und der Presse, endlich ins Finale zu kommen, um dann innerhalb weniger Tage das erste Album aufzunehmen und danach genauso lange den Ruhm zu genießen. Denn viel länger bleiben sie meist nicht im Rampenlicht.

Es gibt aber auch zunehmend Showformate, die weniger auf das Leid der Kandidaten setzen, sondern an den Zuschauer glauben, der tatsächlich wegen der Talente einschaltet. Das beweisen die Quoten von Castingshows, in denen niemand sich sagen lassen muss, dass seine Stimme klingt wie die von Kelly Clarkson, wenn sie sich die Hand in der Motorhaube einklemmt.

Und Ausnahmen zu den bereits in Vergessenheit geratenen Superstars gibt es Gott sei Dank auch – wenn auch wenige, zum Beispiel eine bereits erwähnte Lena, die nach ihrem Durchbruch das Abitur nachgeholt hat. Oder eine ebenso erwähnenswerte Stefanie Heinzmann, die ihre Bekanntheit unter anderem dafür nutzt, um in der Kampagne „iChance“ für das Lesen- und Schreibenlernen zu werben.

Was sie anders machen als andere? Sie verlassen sich nicht auf ihre vergängliche Popularität, sondern arbeiten an sich und stehen trotz allem mitten im Leben.

---

2 Trefft euch in der Gruppe. Auf jedem Gruppentisch liegt ein Plakat bereit, auf dem eine Überschrift notiert ist. Geht zum ersten Plakat. Dort soll <u>jeder</u> von euch <u>wortlos</u> notieren, was ihm zu dem Thema einfällt. Die Plakate sind so gestaltet, dass ihr in die linke Spalte schreiben könnt, was zu dem Thema im Text steht, und in die rechte Spalte, was ihr selbst dazu loswerden wollt.

3 Nach dem Tonsignal wandert eure Gruppe zum nächsten Gruppentisch. Dort sollt ihr (<u>ebenso wortlos</u>) entweder auf bereits Geschriebenes reagieren und darauf antworten oder gänzlich neue Beiträge hinzufügen.

4 Durchlauft auf diese Art alle Plakatstationen, bis ihr wieder an eurem eigenen Plakat ankommt.

5 Bereitet die Inhalte eures Plakates für eine Präsentation vor.

Methode

Die Methode Ausstellung dient vor allem dem Einüben von Präsentations- und Kommunikationstechniken. Dazu zählt nicht nur die Präsentation als solche, sondern ebenso die genaue und zielgerichtete Vorarbeit. Die Schüler sollen in arbeitsteiliger Gruppenarbeit Informationen zusammentragen sowie den Einsatz von Medien planen und gewissenhaft vorbereiten. Zudem üben sie, ihre Ergebnisse vor einem Publikum zu präsentieren. Dabei wird Wert darauf gelegt, dass sie ihr Produkt nachvollziehbar und adressatengerecht darstellen.

Hinweise/Tipps

Entscheiden Sie zunächst, ob Sie den Schülern die Wahl einer passenden Sportart überlassen bzw. in einer anfänglichen Plenumsrunde mit den Schülern erörtern, oder ob Sie Sportarten zuweisen. Vorstellbar wäre hier beispielsweise eine Zusammenarbeit mit dem Sportlehrer oder mit ortsansässigen Vereinen. Das Ziel, die Schüler im Präsentieren zu schulen, könnte so mit einem fächerübergreifenden Aspekt kombiniert werden. Die Auswahl der Sportarten kann zur Differenzierung genutzt werden, wenn Sie bei der Zuteilung auch auf unbekannte Sportarten zurückgreifen, die eine intensivere Recherche verlangen.
Die Schüler werden in Vierergruppen eingeteilt. Bei abweichender Klassengröße sind auch Dreier- oder Fünfergruppen denkbar.
In der Gruppe sollen die Schüler ihre Arbeit sinnvoll strukturieren und untereinander aufteilen. Mithilfe der Leitfragen können sie ihre Recherche weitestgehend selbstständig aufbauen.
Nach der Vorbereitungsphase innerhalb der Gruppe sollte im Plenum eine Reflexion eingeschoben werden, um sowohl über die bisherige Arbeitsweise zu sprechen als auch die nächsten Arbeitsschritte zu planen.
Achten Sie während der Ausstellungsphase darauf, dass die Plakate mit ausreichend Abstand zueinander aufgehängt werden, sodass sich die Vortragenden nicht gegenseitig stören. Außerdem sollten die Schüler dazu angehalten werden, nicht nur eine Person präsentieren zu lassen. Gegebenenfalls kann eine Art „Schichtplan“ erstellt werden, damit jeder Schüler an die Reihe kommt. Legen Sie außerdem eine Anzahl an Zuhörern pro Plakat fest.
Weisen Sie die Schüler darauf hin, dass nicht jede mündlich wiedergegebene Information auf dem Plakat stehen muss. Das Plakat dient lediglich als Erinnerungsstütze und als Übersicht für die Zuschauer. Der Vortrag selbst enthält die notwendigen zusätzlichen Informationen.

Material

- Materialseiten 1 bis 3 für jede Gruppe
- Schere, Plakat und Stifte für jede Gruppe
- Wörterbücher
- evtl. Bilder zu den Sportarten (können auch von den Schülern eigenständig recherchiert und mitgebracht werden)

1 Teilt innerhalb der Gruppe die folgenden Teilbereiche so auf, dass jeder zwei Organisationsschwerpunkte eigenverantwortlich übernimmt. Schneidet dazu die Kärtchen sorgfältig aus und teilt sie untereinander auf.

Beantwortet die auf den Kärtchen notierten Fragen nicht nach Gefühl, sondern erkundigt euch …
… im Internet.
… bei Ansprechpartnern, z. B. aus dem Vereinsleben.

Die Rückseite eurer Kärtchen könnt ihr für Notizen verwenden. Eure endgültigen Ergebnisse solltet ihr aber leserlich auf einem Extrablatt festhalten.

Entstehung:

- Seit wann gibt es diese Sportart?
- Wo wurde sie ausgeübt?
- Gibt es Vorläufer, aus denen diese Sportart entstanden ist?

Ergänze gegebenenfalls weitere Fragen zur Entstehung der Sportart.

Verbreitung:

- Wo ist diese Sportart besonders populär?
- Gibt es Gründe, wieso sie dort so beliebt ist?
- Gibt es Länder/Kontinente, die dieser Sportart gar keine Beachtung schenken?

Ergänze gegebenenfalls weitere Fragen zur Verbreitung der Sportart.

Regeln:

- Welche grundsätzlichen Regeln gibt es in dieser Sportart?
- Wie lange dauert ein Spiel?
- Was gilt als Foul?

Ergänze gegebenenfalls weitere Fragen zu den Regeln der Sportart.

Ausrüstung:

- Welche Ausrüstung benötigt man für diese Sportart?
- Benötigt jeder Spieler eine eigene Ausrüstung?
- Welche Kosten kommen dadurch auf einen Sportler zu?

Ergänze gegebenenfalls weitere Fragen zur Ausrüstung.

Geschlechtsunterschiede:

- Gilt die Sportart eher als Frauen- oder als Männersport?
- Wie kommt es zu dieser Unterscheidung?
- Hat ein Geschlecht aus sportlicher Sicht tatsächlich Nachteile bei der Ausführung dieser Sportart? Wenn ja, womit hängt das zusammen?

Ergänze gegebenenfalls weitere Fragen zu Geschlechtsunterschieden bei dieser Sportart.

Berühmte Vertreter und Rekorde:

- Wer war bisher in dieser Sportart besonders erfolgreich? Nenne sowohl einen männlichen Spieler als auch eine weibliche Spielerin und deren Herkunft.
- Welche Rekorde wurden bisher aufgestellt und wann fand dies statt?
- Gibt es regelmäßig Meisterschaften? In welchen Zeitabständen und wo?

Ergänze gegebenenfalls weitere Fragen zu Vertretern dieser Sportart und deren außergewöhnliche Leistungen.

Gefahren:

- Welchen Gefahren begegnet man bei dieser Sportart?
- Wie kann man sich davor schützen bzw. worauf sollte man unbedingt achten?

Ergänze gegebenenfalls weitere Fragen zu Gefahren dieser Sportart.

Besonderheiten:

- Welche Besonderheiten gilt es bei der Ausführung dieser Sportart zu beachten?
- Gibt es erstaunliche, witzige oder spannende Informationen zu dieser Sportart?

Ergänze gegebenenfalls weitere Fragen zu Besonderheiten dieser Sportart.

2 Stellt eure Ergebnisse innerhalb der Gruppe vor. Bedenkt dabei, dass einige Teilaspekte vielleicht zusammen betrachtet werden müssen, z. B. Besonderheiten und Gefahren.

3 Überlegt genau, ob man durch eure gesammelten Informationen einen genauen Überblick über die Sportart erhält, und klärt offene Fragen. Notiert eventuell weitere Rechercheaufträge und teilt sie untereinander auf.

4 Gestaltet nun eine Skizze für euer Plakat, mit dem ihr später eure Sportart präsentieren wollt. Auf dem Plakat sollten stichpunktartig nur die sieben wichtigsten Aspekte stehen. Außerdem sollten geeignete Bilder die Sportart veranschaulichen. Ziel ist es, euren Mitschülern eure Sportart umfassend zu präsentieren, damit sie sich eine eigene Meinung bilden können.

Plakatskizze:

5 Fertigt nun euer Plakat an. Arbeitet sorgfältig. Schlagt bei Rechtschreibunsicherheiten im Wörterbuch nach.

6 Übt innerhalb der Gruppe eure Präsentation. Jeder von euch soll am Ende dazu in der Lage sein, nur mithilfe des Plakats eure Sportart zu präsentieren und Fragen der Zuschauer zu beantworten. Achtet darauf, dass ihr eure Präsentation abwechslungsreich gestaltet und die Informationen und Bilder geschickt einbezieht.

Methode

Mithilfe der Methode Lerntempoduett kann jeder Schüler in seinem individuellen Lese- und Lerntempo arbeiten. Die Aufgaben werden dabei zunächst in Einzelarbeit gelöst, sodass die Lehrkraft Stärken und Schwächen individuell erkennen und gegebenenfalls unterstützend eingreifen kann. Die Weiterarbeit gemeinsam mit einem Partner ermöglicht im Anschluss an diese erste Phase eine zielgerichtete Kontrolle und Absprache, sodass aus den Lösungen des Partners gelernt werden kann.

Hinweise/Tipps

Die beiden Balladen wurden so ausgewählt, dass sie sich gegenseitig ergänzen. Sie sind jeweils aus der Sicht der anderen Hauptfigur verfasst, sodass eine zentrale Situation von zwei verschiedenen Positionen aus betrachtet wird.
Richten Sie vor Beginn der Arbeitsphase zwei Treffpunkte ein, an denen sich die Schüler nach der individuellen Bearbeitung der Aufgaben 1–3 einfinden können. Dort werden die Materialseiten 7 ausgelegt, an denen dann mit dem Partner weitergearbeitet wird. Es bietet sich an, diese Arbeitsblätter nur in halber Klassenstärke zu kopieren, sodass immer zwei Schüler an einem gemeinsamen Blatt arbeiten und der kooperative Aspekt gefördert wird.
Die Arbeitsaufträge der ersten Phase (Aufgaben 1–3) wurden so konzipiert, dass die Lösungen aufeinander abgestimmt sind. In der zweiten Phase des Lerntempoduetts können die Schüler dementsprechend ihre Ergebnisse gegenseitig kontrollieren.
Im Anschluss daran bietet es sich an, in Partnerarbeit das Verhältnis zwischen den beiden Protagonisten oder zu deren Eltern zu untersuchen. Die Aufgaben 4–8 dienen hierfür als Vorbereitung, sodass sich die Lernenden in die Gefühls- und Gedankenwelt der Hauptfiguren hineinfinden können. Die Balladen bieten diesbezüglich weitere Gesprächsanlässe oder eine Grundlage zur produktiven Auseinandersetzung.
Das mögliche Alter der beiden Hauptfiguren und das schülernahe Thema erleichtern zudem die Identifizierung.
Beide Balladen können auch für das nachfolgende Kapitel „Balladen lesen und erschließen II" genutzt werden, da sie sich in Länge und Textschwierigkeit kaum unterscheiden.

Material

- Materialseiten 1 bis 7 in halber Klassenstärke
- Stifte in zwei Farben (möglichst rot und blau) für jedes Zweierteam
- evtl. Wörterbücher

Balladen lesen und erschließen I

1 Lies die folgende Ballade aufmerksam durch.

Vampirgewitter *(Vito Tagliente)*

Die Eltern sind aus, es ist Viertel nach acht.
Er hat sich den Fernseher angemacht,
doch alles was läuft, interessiert ihn nicht.
Ein andrer Gedanke ihn eher besticht:

Die Schwester, sie prahlt doch so oft und so laut,
hat sie doch schon jeden Horror geschaut.
Er schleicht sich nach oben, geht an ihr Regal,
auch wenn sie es merkt, es ist ihm egal.

Die Kinderbücher schiebt er einfach weg,
er kennt doch ihr altes Geheimversteck.
Und siehe da, was findet er hier,
den blutigsten Kampf von Mazu, dem Vampir.

Und plötzlich ein Blitzen das Dunkel erhellt,
als wenn die Sonne vom Himmel fällt.
Gefolgt von dem Donner so dröhnend und nah,
man könnte meinen, das Ende sei da.

Er schnappt sich den Film, stürmt ins Erdgeschoss.
Der Vorspann verschwindet, die Jagd sie geht los.
Mazu von den Toten ist aufgewacht,
er wurde von Werwölfen umgebracht.

Nun schwört er all denen, die schuld sind daran,
dass er ihnen zeigt, was er alles kann.
Die Spannung, sie steigt, es gibt Gänsehaut,
das Übel sich langsam zusammenbraut.

Und plötzlich ein Blitzen das Dunkel erhellt,
als wenn die Sonne vom Himmel fällt.
Gefolgt von dem Donner so dröhnend und nah,
man könnte meinen, das Ende sei da.

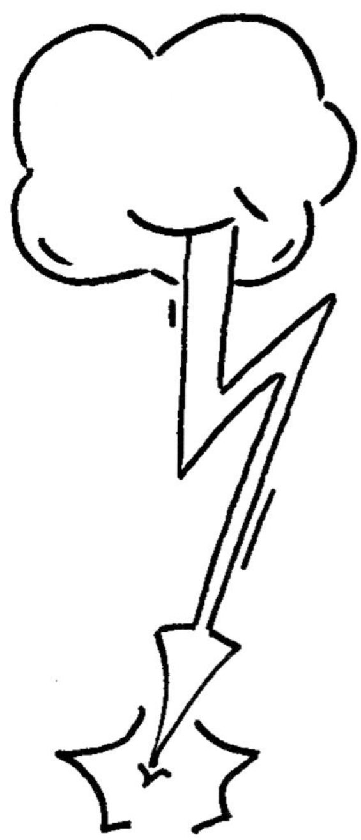

➔

Er auf der Couch sich zusammenrollt.
Ganz so viel Angst hatte er nicht gewollt.
Er hofft, das Gewitter wird bald noch vergehen,
so kann er den Film noch zu Ende sehen.

Mazu schleicht am Abend blutgierig durchs Land,
aus dem man ihn hat vor Jahren verbannt.
Er kommt an ein Haus, klopft wütend ans Tor.
Den Leuten dort steht gleich Schlimmes bevor.

Und plötzlich ein Klopfen durchs Wohnzimmer hallt.
Seine Haut, sie wird blass, ihm wird schlagartig kalt.
Es ist nur ein Film, so was kann doch nicht sein.
Jemand pocht an die Tür und will dringend herein.

Er zieht sich die Decke bis tief ins Gesicht.
„Bitte, Mazu, bitte hole mich nicht!"
Das Pochen wird lauter und da, jemand schreit!
Er ist nun ganz sicher dem Tode geweiht.

Ein Jammern aus seiner Kehle ertönt,
in seinen Ohren das Hämmern laut dröhnt.
Die Tür, sie fliegt auf, und es steht vor dem Haus
seine Schwester, und sieht gar nicht glücklich aus.

2 **a** Gleich- oder ähnlich klingende Strophen einer Ballade nennt man Refrain. Finde in der Ballade den Refrain und kreise ihn ein.

b Nummeriere alle übrigen Strophen durchgehend.

c Schreibe neben jede Strophe (außer dem Refrain) einen Satz, der beschreibt, worum es in der Strophe geht.

d Die Ballade enthält außergewöhnlich viele Pronomen, da die Hauptfiguren nicht namentlich benannt sind. Unterstreiche jedes „er“, „ihn“ oder „ihm“, das den Jungen meint, blau. Unterstreiche jedes entsprechende Pronomen für Mazu rot.

e Im Folgenden findest du ausformulierte Gedanken, die dem Jungen im Laufe des Abends durch den Kopf gehen könnten. Ordne sie den einzelnen Strophen zu, indem du die jeweilige Strophennummer ergänzt. Beachte dabei, dass jede Strophe höchstens einmal zugeordnet werden darf.

	Rache ist süß!		Oh Mann, es läuft immer nur dasselbe.
	Was? So was gibt es doch gar nicht wirklich!		Es geht los! Nun mach schon, mach schon!
	Was soll sie schon machen? Sie wird sich aufregen, wie immer.		Jetzt wird es aber langsam unheimlich.
	Er ist gekommen, um mich zu holen!		Na, wer sagt‘s denn?

f Fasse in drei bis vier Sätzen zusammen, worum es in der Ballade geht.

3 Gehe zum Treffpunkt, wenn du mit den Aufgaben fertig bist.

1 Lies die folgende Ballade aufmerksam durch.

Gewitterkuss (*Vito Tagliente*)

Sie ist spät dran, hat sich nichts draus gemacht,
die Eltern sind aus, es ist Viertel nach acht.
Auch wenn sie zu spät kommt, wen kümmert das heut',
sie keine Minute des Treffens bereut.

Genossen hat sie ihren ersten Kuss,
wie schön dann erst der zweite sein muss.
Noch schwärmend schlendert sie lächelnd nach Haus'.
Ihr Bruder ist da, doch sie macht sich nichts draus.

Sie wird einfach schnell auf ihr Zimmer geh'n,
den Bruder wie immer gekonnt überseh'n.
Zu schön ist in ihr das verliebte Gefühl.
Doch langsam kommt Dunkelheit auf, es wird kühl.

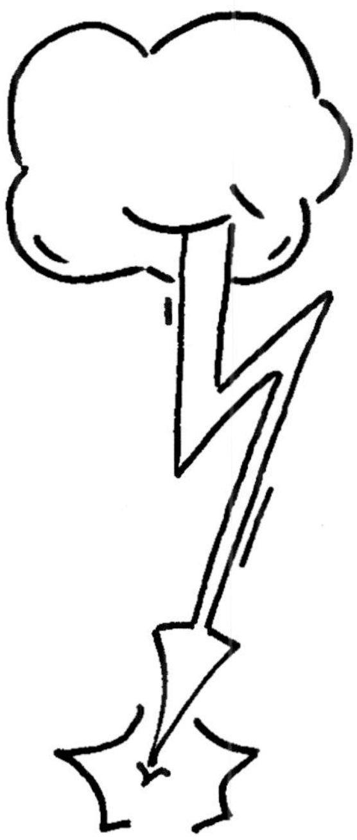

Und plötzlich ein Blitzen das Dunkel erhellt,
als wenn die Sonne vom Himmel fällt.
Gefolgt von dem Donner so dröhnend und nah,
man könnte meinen, das Ende sei da.

Von einer Sekunde zur nächsten er kommt,
der Regen, er folgt auf den Donner prompt.
Bevor sie versteht, was da eben geschieht,
sie nur noch den Vorhang aus Regen sieht.

Er prasselt hernieder und hüllt sie ein.
Sie wünscht sich nur noch, zu Hause zu sein.
Mit schnellen Schritten rennt sie Richtung Ziel,
fast nichts mehr übrig vom schönen Gefühl.

Und plötzlich ein Blitzen das Dunkel erhellt,
als wenn die Sonne vom Himmel fällt.
Gefolgt von dem Donner so dröhnend und nah,
man könnte meinen, das Ende sei da.

➔

Vorhin war noch alles in Ordnung und jetzt
sie nur noch schnell durch die Straßen hetzt.
Die Blitze, sie zucken, der Donner dröhnt laut.
Sie ist bereits nass bis auf ihre Haut.

An ihren Beinen klebt schwer nun ihr Kleid.
Nur noch ein paar Meter, es ist nicht mehr weit.
Erleichtert rennt sie die Einfahrt hinauf,
sie klopft an die Tür, doch niemand macht auf.

Wo hat sie denn nur ihren Schlüssel gelassen?
Sie pocht an die Tür, sie kann es nicht fassen,
dass sie hier draußen im Regen steht
und es ihm dort drinnen viel besser geht.

Was ist denn nur los, warum öffnet er nicht?
Will er etwa, dass sie die Türe aufbricht?
Da endlich, der Schlüssel, sie öffnet, geht rein,
doch was sie da sieht, das kann doch nicht sein:

Ihr Bruder sitzt dort voller Angst und erschrickt,
als hätte er einen Geist erblickt.
Sie geht zu ihm hin und tröstet ihn still.
Das Donnern und Blitzen war ihm wohl zu viel.

2 **a** Gleich- oder ähnlich klingende Strophen einer Ballade nennt man Refrain. Finde in der Ballade den Refrain und kreise ihn ein.

b Nummeriere alle übrigen Strophen durchgehend.

c Schreibe neben jede Strophe (außer dem Refrain) einen Satz, der beschreibt, worum es in der Strophe geht.

d Im Folgenden findest du ausformulierte Gedanken, die dem Mädchen im Laufe des Abends durch den Kopf gehen könnten. Ordne sie den einzelnen Strophen zu, indem du die jeweilige Strophennummer ergänzt. Beachte dabei, dass jede Strophe höchstens einmal zugeordnet werden darf.

	Das verdirbt mir jetzt den ganzen Abend!		Was soll's? Das war es wert.
	Irgendwo muss er doch sein!		Wo kommt das denn jetzt plötzlich her?
	So etwas Schönes habe ich noch nie erlebt.		Mist, ich bin total durchnässt!
	Na endlich!		Ich tu einfach so, als wäre er nicht da.

e Fasse in drei bis vier Sätzen zusammen, worum es in der Ballade geht.

____

____

____

____

____

____

3 Sieh nach, ob sich bereits ein möglicher Lernpartner am Treffpunkt befindet. Falls nicht, bearbeite noch folgende Aufgabe:
Wie könnte der Bruder den Abend erlebt haben? Formuliere in Stichpunkten drei Ideen. Beachte dabei, welchen Eindruck er am Ende der Ballade auf dich macht.

____

____

____

____

____

4 Erzählt einander, worum es in eurer Ballade geht. Nutzt dafür eure Strophenüberschriften aus Aufgabe 2c).

5 Vergleicht eure Ergebnisse aus den Aufgaben 2d) bzw. 2e). Bei richtiger Lösung müsstet ihr die gleiche Nummerierung vorgenommen haben. Falls dies nicht der Fall ist, überprüft zunächst, ob ihr den gleichen Refrain eingekreist und die Strophen richtig nummeriert habt. Lest gemeinsam die Gedanken der Hauptfiguren durch und verbessert eure Zuordnung.

6 Der jeweils letzten Strophe eurer Balladen wurde kein Gedanke zugeordnet. Einigt euch auf Gedanken des Jungen und des Mädchens und notiert sie hier:

Junge:	Mädchen:

7 Balladen enthalten häufig nicht nur Gedanken, sondern vor allem auch deutliche Gefühlsregungen der Hauptfiguren. Wählt gemeinsam aus dem folgenden Kasten vier Gefühlsbezeichnungen aus und beschreibt, an welchen Stellen in der Ballade sie eine Rolle spielen.

Angst – Trauer – Erleichterung – Neid – Stolz – Wut – Panik – Stress – Glück – Liebe – Häme – Scham – Freude – Überraschung – Überlegenheit

____

____

____

____

____

____

8 **a** Geht gemeinsam nacheinander eure Balladen durch und kreuzt die Verse an, in denen deutlich wird, was der Junge über seine Schwester denkt und umgekehrt.

b Beschreibt hier in eigenen Worten, wie die beiden Geschwister zueinander stehen. Begründet eure Ausführungen mit Zitaten aus den beiden Texten.

____

____

____

____

Methode

Die Methode Ausstellung dient vor allem dem Einüben von Präsentations- und Kommunikationstechniken. Dazu zählt nicht nur die Präsentation als solche, sondern ebenso die genaue und zielgerichtete Vorarbeit. Die Schüler sollen in arbeitsteiliger Gruppenarbeit Informationen zusammentragen sowie den Einsatz von Medien planen und gewissenhaft vorbereiten. Zudem üben sie, ihre Ergebnisse vor einem Publikum zu präsentieren. Dabei wird Wert darauf gelegt, dass sie ihr Produkt nachvollziehbar und adressatengerecht darstellen.

Hinweise/Tipps

Die beiden Balladen wurden so ausgewählt, dass sie sich gegenseitig ergänzen. Sie sind jeweils aus der Sicht der anderen Hauptfigur verfasst, sodass eine zentrale Situation von zwei verschiedenen Positionen aus betrachtet wird.
Die Hauptpersonen haben einen Schicksalsschlag erlitten und eröffnen innerhalb der Balladen ihr Gefühlsleben. So bieten sie ausreichend Gesprächsanlass.
Die Klasse wird in leistungsheterogene Vierergruppen eingeteilt, um mögliche Verständnisschwierigkeiten zu vermeiden. Die zu erschließenden Balladen sollten gleichmäßig an die Gruppen verteilt werden. Weisen Sie außerdem darauf hin, dass jeder Schüler am Ende präsentieren können soll, da die Methode Ausstellung eine Rotation ermöglicht.
Nach dem genauen Lesen der Ballade plant die Gruppe die Gestaltung ihres Plakats, wobei wiederum jeder einzelne Schüler aufgefordert ist, sich daran zu beteiligen, z. B. durch die Recherche und Bereitstellung von Bildern, die beweisen, dass die Gefühle der Hauptfiguren richtig erfasst wurden.
Um nicht nur zwei Balladen bearbeiten und vorstellen zu lassen, können hier zusätzlich die Balladen aus dem vorhergehenden Kapitel genutzt werden, sodass die Klasse mit vier verschiedenen Gruppeninhalten arbeiten kann. Die Aufgabenstellungen können dabei übernommen werden. Außerdem ergibt sich in diesem Fall eine weitere Differenzierung, sofern das vorhergehende Kapitel behandelt wurde: Die Lerngruppen, die mit den bereits bekannten Balladen arbeiten, müssen sich nicht mehr so sehr auf die Inhaltsaufbereitung konzentrieren, vielmehr steht die Präsentation im Fokus.
Die abschließende Präsentation sollte eine kurze Zusammenfassung der Ballade beinhalten.

Material

- Materialseiten 1 bis 3 oder 4 bis 6 (evtl. auch die Materialseiten 1, 2, 4 und 5 aus dem vorhergehenden Kapitel) für jede Gruppe
- Wörterbücher
- Schere, Plakat und Stifte für jede Gruppe
- evtl. zu den Balladen passende Bilder (können auch von den Schülern eigenständig recherchiert und mitgebracht werden)

1 Lest die folgende Ballade aufmerksam durch.

Die Schicksalsfahrt *(Vito Tagliente)*

Die Kutsche fährt schnell, ist in voller Fahrt.
Die Räder, sie rumpeln und rattern hart.
Die Pferde, sie galoppieren im Wind
und drinnen sitzt sie und wiegt still ihr Kind.

Nachdem ihr Mann sie vor Wochen verließ,
vom Tode geholt, als er ins Feld stieß,
fährt sie regelmäßig zur Schwiegermama.
Es dauert zwar Stunden, doch dann ist sie da.

Nichts ist ihr sonst als Familie geblieben
vom Schicksal ist sie in die Enge getrieben.
Die Einsamkeit macht sich rasant in ihr breit,
für sie gibt es nichts außer Trauer und Leid.
So schaut sie hinab zu dem Kind, das sie hält.
Es ist das Letzte, was noch für sie zählt.

Die Kutsche fährt schnell, ist in voller Fahrt.
Die Räder, sie rumpeln und rattern hart.
Die Pferde, sie galoppieren im Wind
und drinnen sitzt sie und wiegt still ihr Kind.

Doch plötzlich die Kutsche zu schwanken beginnt.
Sie rutscht von dem Sitz und hält trotzdem ihr Kind.
Es öffnet die Augen, schreit aus voller Kraft.
Der Kutscher mit Mühe das Bremsen noch schafft.

Sie fragt sich, was er hier im Niemandsland will,
die Kutsche bleibt stehen, es ist totenstill.
Doch dann hört sie Schritte, sie kommen heran
und vor der Tür steht ein bärtiger Mann.
Mit einem Revolver zielt er auf die Tür.
Sie fühlt sich erleichtert, sie kann nichts dafür.

Die Kutsche fährt nicht mehr, sie hält auf dem Pfad.
Die Räder sind nicht mehr in voller Fahrt.
Die Pferde erwarten gebannt, was geschieht,
ob bald jemand an ihren Zügeln zieht.

➔

Die Frau, sie steigt aus, hat das Kind abgelegt,
in ihr sich kein winziger Funke mehr regt.
Doch da ist der Schurke und lächelt sie an
wie nur ein Verliebter sie anlächeln kann.

„Ich warte hier ständig, tagaus und tagein,
und heute soll meine Gelegenheit sein,
dir endlich zu sagen, was wirklich geschah:
Ich fiel nicht im Krieg, ich bin immer noch da.
Man hat mich von meiner Truppe getrennt,
doch meine Liebe den Weg zu dir kennt."

Die Kutsche fährt schnell, ist in voller Fahrt.
Die Räder, sie rollen und gleiten ganz zart.
Die Pferde, sie galoppieren im Wind
und drin sitzt ein glückliches Paar und sein Kind.

---

1 Notiert strophenweise, worum es in der Ballade geht.

____

____

____

____

____

____

2 **a** Geht die Ballade erneut strophenweise durch und markiert dabei die sechs Verse, die am ehesten etwas über den Gefühlszustand der Frau aussagen.

b Notiert hier, was die Frau erlebt hat und wie sie sich fühlt. Bezieht dabei alle in 2a) markierten Verse mit ein und beachtet, dass sich ihr Gemütszustand ändert.

____

____

____

____

____

____

____

3 Bereitet euren Beitrag für eine Ausstellung vor. Gestaltet zunächst eine Skizze für euer Plakat, mit dem ihr später eure Ergebnisse präsentieren wollt. Auf dem Plakat sollten stichpunktartig nur die wichtigsten Aspekte stehen. Der Vortrag soll mündlich stattfinden. Das Plakat dient lediglich der Unterstützung eures Ausstellungsbeitrags.

Folgende Aspekte sollten bedacht werden:

- Titel der Ballade
- Inhalt der Ballade (Einige eurer Mitschüler kennen die Ballade nicht und benötigen deshalb entsprechende Hintergrundinformationen.)
- Innenleben der Hauptfigur und Bezüge zum Geschehen

Tipp: Gestaltet euer Plakat interessanter, indem ihr ein Bild hinzufügt. Sucht dazu im Internet nach verschiedenen Bildern, auf denen eine Frau zu sehen ist, deren Gesicht die entsprechenden Gefühle zum Ausdruck bringt, sodass ihr eine Auswahl an Bildern habt. Entscheidet euch erst nach Abwägung für ein passendes Bild.

Plakatskizze:

4 Fertigt nun euer Plakat an. Arbeitet sorgfältig. Schlagt bei Rechtschreibunsicherheiten im Wörterbuch nach.

5 Übt innerhalb der Gruppe eure Präsentation. Jeder von euch soll am Ende dazu in der Lage sein, nur mithilfe des Plakats die Hauptfigur der Ballade vorzustellen. Achtet darauf, dass ihr eure Präsentation abwechslungsreich gestaltet und die Informationen und Bilder geschickt einbezieht.

1 Lest die folgende Ballade aufmerksam durch.

Sehnsüchtig *(Vito Tagliente)*

Er sitzt hinter Felsen und wartet darauf,
dass endlich die Kutsche von Weitem taucht auf.
Er weiß, dass sie immer denselben Weg nimmt,
und heute gelingt ihm sein Plan ganz bestimmt:
Er wird sie bremsen mit aller Gewalt.
Was er sich erträumt hat, erwartet ihn bald.

Die Kutsche fährt schnell, ist in voller Fahrt.
Die Räder, sie rumpeln und rattern hart.
Die Pferde, sie galoppieren im Wind
und drinnen sitzt sie und wiegt still ihr Kind.

Da kommt sie, er seinen Augen kaum traut.
Er kann sie sehen, sein Herz schlägt jetzt laut.
Ein Lächeln auf seinem Gesicht macht sich breit,
nur wenig' Momente, dann ist es so weit.
Er tastet nach seinem Revolver und zieht,
damit ihm der Kutscher nicht doch noch entflieht.
Er weiß, seine Chance ist nicht sonderlich groß.
Wenn er jetzt versagt, dann ist er sie los.

Die Kutsche fährt schnell, ist in voller Fahrt.
Die Räder, sie rumpeln und rattern hart.
Die Pferde, sie galoppieren im Wind
und drinnen sitzt sie und wiegt still ihr Kind.

Mit einem Sprung hechtet er auf den Pfad
und zielt auf den Kutscher bei voller Fahrt.
Erschrocken zieht dieser die Zügel an sich,
die Kutsche sie hält, doch sie schwankt fürchterlich.
Schnell macht er sich auf den Weg zu der Tür,
sein Lächeln wird breiter, er kann nichts dafür.
Von drinnen hört er, wie ein Kind haltlos weint.
Es kennt ihn nicht, hält ihn für einen Feind.

Die Kutsche fährt nicht mehr, sie hält auf dem Pfad.
Die Räder sind nicht mehr in voller Fahrt.
Die Pferde erwarten gebannt, was geschieht:
ob bald jemand an ihren Zügeln zieht.

➔

Die Tür wird geöffnet und sie tritt heraus,
sie sieht auch nach Wochen noch zauberhaft aus.
Die Trauer um ihren Mann im Gesicht
die Schönheit, die sie besitzt, nicht zerbricht.
Er fragt sich, ob sie ihn trotz allem erkennt,
ob sie ihn auch jetzt ihren Ehemann nennt?

„Ich warte hier ständig, tagaus und tagein,
und heute soll meine Gelegenheit sein,
dir endlich zu sagen, was wirklich geschah:
Ich fiel nicht im Krieg, ich bin immer noch da.
Man hat mich von meiner Truppe getrennt,
doch meine Liebe den Weg zu dir kennt."

Die Kutsche fährt schnell, ist in voller Fahrt.
Die Räder, sie rollen und gleiten ganz zart.
Die Pferde, sie galoppieren im Wind
und drin sitzt ein glückliches Paar und sein Kind.

____

1 Notiert strophenweise, worum es in der Ballade geht.

____

____

____

____

____

____

2 **a** Geht die Ballade erneut strophenweise durch und markiert dabei die sechs Verse, die am ehesten etwas über den Gefühlszustand des Mannes aussagen.

b Notiert hier, was der Mann erlebt hat und wie er sich fühlt. Bezieht dabei alle in 2a) markierten Verse mit ein.

____

____

____

____

____

____

3 Bereitet euren Beitrag für eine Ausstellung vor. Gestaltet zunächst eine Skizze für euer Plakat, mit dem ihr später eure Ergebnisse präsentieren wollt. Auf dem Plakat sollten stichpunktartig nur die wichtigsten Aspekte stehen. Der Vortrag soll mündlich stattfinden. Das Plakat dient lediglich der Unterstützung eures Ausstellungsbeitrags.

Folgende Aspekte sollten bedacht werden:

- Titel der Ballade
- Inhalt der Ballade (Einige eurer Mitschüler kennen die Ballade nicht und benötigen deshalb entsprechende Hintergrundinformationen.)
- Innenleben der Hauptfigur und Bezüge zum Geschehen

Tipp: Gestaltet euer Plakat interessanter, indem ihr ein Bild hinzufügt. Sucht dazu im Internet nach verschiedenen Bildern, auf denen ein Mann zu sehen ist, dessen Gesicht die entsprechenden Gefühle zum Ausdruck bringt, sodass ihr eine Auswahl an Bildern habt. Entscheidet euch erst nach Abwägung für ein passendes Bild.

Plakatskizze:

4 Fertigt nun euer Plakat an. Arbeitet sorgfältig. Schlagt bei Rechtschreibunsicherheiten im Wörterbuch nach.

5 Übt innerhalb der Gruppe eure Präsentation. Jeder von euch soll am Ende dazu in der Lage sein, nur mithilfe des Plakats die Hauptfigur der Ballade vorzustellen. Achtet darauf, dass ihr eure Präsentation abwechslungsreich gestaltet und die Informationen und Bilder geschickt einbezieht.

Methode

Die Methode Brainwriting ermöglicht – ähnlich dem herkömmlichen Brainstorming – eine spontane Auseinandersetzung mit einem vorgegebenen Thema. Die Schüler müssen sich dabei nicht scheuen, ihre Eindrücke und Meinungen schriftlich festzuhalten. Außerdem werden bereits genannte Aspekte von nachfolgenden Schreibern aufgegriffen und weiter ausgeführt. Die Methode enthält somit eine integrierte Differenzierungsmöglichkeit, weil jeder Schüler nach seinen Fähigkeiten an Aspekte anknüpfen oder neue formulieren kann. Für die Weiterarbeit empfiehlt sich eine Methode, die die bisherigen Ergebnisse würdigt.

Hinweise/Tipps

Teilen Sie die Klasse in Vierergruppen auf. Die Anzahl der Gruppen gibt Ihnen vor, wie viele Gruppentische vorzubereiten sind und wie viele Plakate benötigt werden.
Es empfiehlt sich, die Plakate vorab in vier gleich große Felder zu unterteilen, sodass jeder Schüler ein freies Feld zur Verfügung hat.
Beschriften Sie nun jedes Plakat mit einer der vorgeschlagenen Überschriften (siehe Materialseite 1), die später als Titel einer Erzählung dienen sollen.
Jede Gruppe stellt sich vor ihr Plakat und Sie lesen die erste Aufgabe vor (siehe Materialseite 1). Nach Ablauf einer vorgegebenen Zeit (ca. zwei bis drei Minuten) fordern Sie die Schüler per Tonsignal zum Wechsel zur nächsten Station auf. Da sich die Lernenden auf das Vorhergehende beziehen müssen, geben Sie ihnen Gelegenheit, sich einem Feld zuzuordnen und sich kurz einzulesen, bevor Sie den nächsten Arbeitsauftrag geben.
Durch dieses Vorgehen werden diverse inhaltliche Vorgaben für eine mögliche Erzählung gesammelt.
Im Anschluss an die Übung könnten die Plakate ausgehängt werden, sodass jeder Schüler die Möglichkeit hat, sich eine Idee herauszusuchen, zu der er seine Erzählung verfassen möchte. Dabei sollte niemand gezwungen werden, die beschriebenen Ideen vollständig übernehmen zu müssen. Sie dienen lediglich als Orientierung oder Vorschlag.
Alternativ können alle Plakate mit derselben Überschrift versehen werden, allerdings schränken Sie damit die Wahlmöglichkeit der Schüler stark ein.
Achtung: Die sich anschließende Materialseite ist ausnahmsweise keine Kopiervorlage, sondern dient Ihnen als Leitfaden durch die Unterrichtseinheit.

Material

- Materialseite 1 für die Lehrerhand
- ein vorbereitetes Brainwriting-Plakat für jede Gruppe
- Tonsignal

Mögliche Überschriften:

- Das baufällige Kloster
- Ein Treffen mit Hindernissen
- Das Geheimnis des goldenen Schlüssels
- Blind vor Liebe
- Interview mit einem Bauchredner
- Ganz schön eingebildet
- Vertrauen? Nein danke!
- Die Geschichte vom Lebensretter

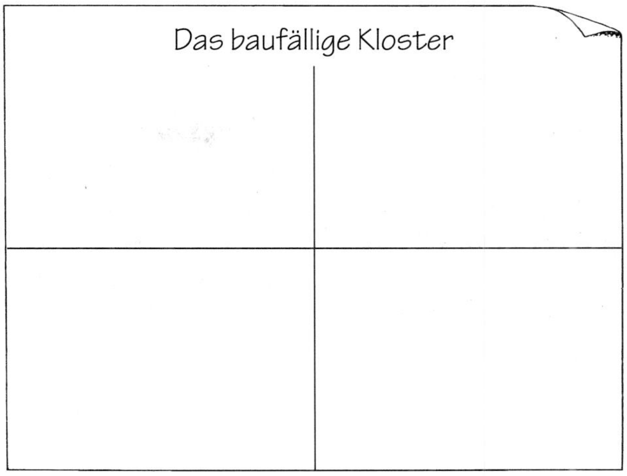

Aufgabenstellungen:

1 Benenne zwei Personen, die in der Geschichte vorkommen und gib ihnen jeweils zwei Eigenschaften, die sie haben sollen.
– Plakatwechsel –

2 Einigt euch, wer zu welchem Personenpaar weiterschreibt. Lege nun die Beziehung deines Personenpaares zueinander fest. Verwende dafür auch Adjektive.
– Plakatwechsel –

3 Wo spielt die Geschichte? Benenne einen möglichen Handlungsort und begründe, wieso sich dieser Ort deiner Ansicht nach eignet.
– Plakatwechsel –

4 Welches Problem könnte im Zentrum des Geschehens stehen?
– Plakatwechsel –

5 Wie gehen die Hauptpersonen mit diesem Problem um?
– Plakatwechsel –

6 Entwirf zwei Möglichkeiten für den Schluss deiner Geschichte.
– Plakatwechsel –

Nach Beendigung der Brainwritingphase:

Hängt eure Plakate aus.
Betrachte nun alle Vorschläge und entscheide, zu welcher Überschrift du eine eigene Erzählung schreiben möchtest. Die notierten Ideen kannst du für deine Erzählung verwenden.
Erstelle zunächst einen Schreibplan, in dem du stichpunktartig notierst, wie die Handlung aufgebaut ist.

Methode

Die Methode Brainwriting ermöglicht – ähnlich dem herkömmlichen Brainstorming – eine spontane Auseinandersetzung mit einem vorgegebenen Thema. Die Schüler müssen sich dabei nicht scheuen, ihre Eindrücke und Meinungen schriftlich festzuhalten. Außerdem werden bereits genannte Aspekte von nachfolgenden Schreibern aufgegriffen und weiter ausgeführt. Die Methode enthält somit eine integrierte Differenzierungsmöglichkeit, weil jeder Schüler nach seinen Fähigkeiten an Aspekte anknüpfen oder neue formulieren kann. Für die Weiterarbeit empfiehlt sich eine Methode, die die bisherigen Ergebnisse würdigt.

Hinweise/Tipps

Die Merkmale eines Berichts sollten der Lerngruppe bereits vertraut sein. Zur zusätzlichen Unterstützung könnten diese auch auf einem Plakat fixiert im Klassenzimmer aushängen. In starken Lerngruppen kann diese Unterrichtseinheit auch als Einstieg in das Thema Bericht verwendet werden. In diesem Fall benennen die Schüler, wieso die vorliegenden Berichte merkwürdig klingen, ohne die Merkmale explizit zu kennen.
Bereiten Sie die Texte und Plakate für acht Stationen vor: Kopieren Sie dazu jeden der vier Texte (Materialseiten 1–4) zweimal vergrößert, etwa im Format DIN A2. Außerdem muss an jeder Station ein Plakat ausliegen, das Sie vorab in sechs gleichgroße Felder unterteilen und mit einer der folgenden Überschriften versehen: „Sachliche/Neutrale Sprache", „Zeitform", „W-Fragen", „Aufbau", „Beschränkung auf Wichtiges" und „Weitere Anmerkungen".

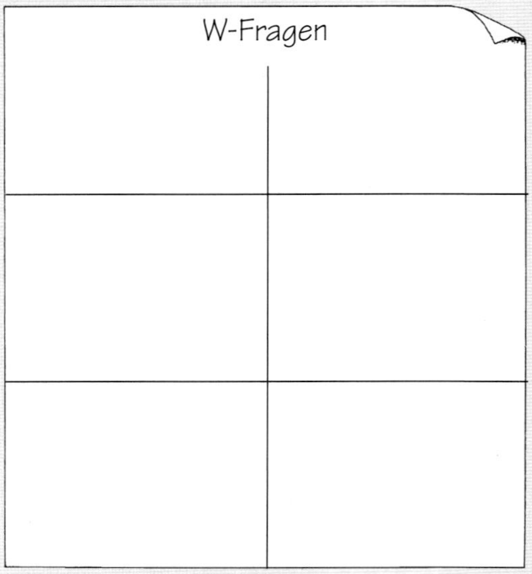

Teilen Sie die Klasse in Vierergruppen ein. Bei abweichender Klassengröße sind auch Dreier- oder Fünfergruppen denkbar. Jede Gruppe startet an einem Tisch.
Die Aufgabenstellung ist für alle Gruppen identisch: Zuerst wird der Text leise gelesen. Danach soll jeder Schüler Hinweise zu den auf dem Plakat genannten Merkmalen notieren. Befindet sich in einer Gruppe ein schwacher Leser, ist auch ein leises Vorlesen innerhalb der Gruppe möglich, allerdings sollte dann dezidiert darauf geachtet werden, dass neben dem Vorlesen keine weiteren Kommentare zum Text erlaubt sind.
Beim Notieren der Anmerkungen können entweder neue Aspekte hinzugefügt oder bereits geäußerte Gedanken aufgegriffen und darauf reagiert werden.
Nach einer vorher festgelegten Zeit wird per Tonsignal das Weiterrücken an die nächste Station signalisiert.
Mit den Arbeitsergebnissen kann im Folgekapitel weitergearbeitet werden.

Material

- Materialseiten 1 bis 4 jeweils zweimal, vergrößert auf DIN A2
- ein vorbereitetes Brainwriting-Plakat für jede Gruppe
- Tonsignal

Verkehrsunfall mit Fahrerflucht

Frankfurt (CP) – Am 14.08.2014 so gegen Abend ereignet sich an der Kreuzung Schiller-/Lessingstraße in Frankfurt ein Verkehrsunfall mit Fahrerflucht zwischen einem 38 Jahre alten BMW-Fahrer aus Frankfurt und einem 20-jährigen Fußgänger aus Offenbach.
Als der BMW-Fahrer daheim losfuhr, wollte er noch schnell seine Freundin anrufen. Er wählte die Nummer auf seinem Handy. Leider war sie nicht zu erreichen. „So ein Mist!“, dachte der Fahrer. Der Frankfurter hält mit seinem Fahrzeug an der Ampel in der Lessingstraße, um anschließend rechts in die Schillerstraße abzubiegen. Als die Ampel auf „Grün“ schaltete, fuhr der BMW-Fahrer an und bog Zeugenberichten zufolge sehr zügig nach rechts ab. Dabei missachtete er die Fußgängerregelung und rammt den 20-jährigen Jakob S. aus Offenbach, der gerade die Schillerstraße im Fußgängerbereich der Ampelzone überquerte. Dieser stürzte zu Boden wie ein nasser Sack. Zwei Passanten, die zufällig ebenfalls in der Nähe waren, unterhielten sich gerade. Frau Schmitt sagte zu Frau Hesse: „Kommst du morgen auf einen Café bei mir vorbei? Ich würde dir gerne unseren neuen Wintergarten zeigen. Er ist sehr schön geworden.“ Frau Hesse antwortet: „Gerne, ich komme so um 15 Uhr bei dir vorbei. Ich bin schon ganz gespannt!“

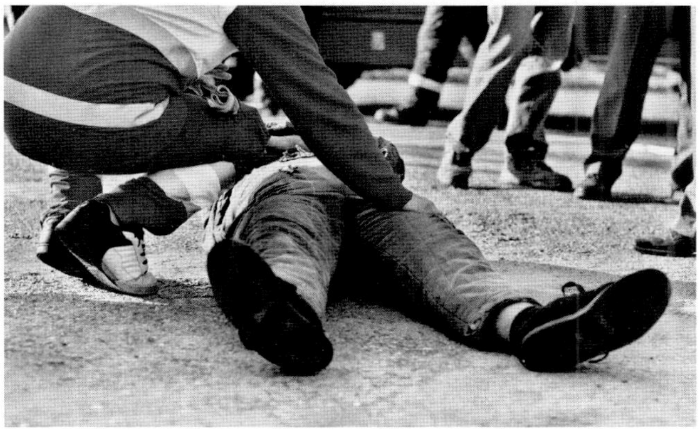

Als der BMW-Fahrer einfach losfuhr, lenkten sie ihre Aufmerksamkeit wieder auf den Verkehr. Dennoch stoppt der Fahrzeugführer nicht, sondern fährt unberührt weiter. Frau Hesse und Frau Schmitt sind entsetzt, sie rufen dem Fahrerflüchtigen laut nach. Doch er fährt ungerührt weiter. „So ein verantwortungsloser Idiot“, zischt Frau Hesse. Sofort eilen sie zum dem verletzten Fußgänger und kümmern sich um ihn. Ein weiterer Mann kommt hinzu und sagt: „Warten Sie, ich bin Rettungssanitäter, ich kümmere mich um den Mann!“. Erleichtert atmen Frau Hesse und Frau Schmitt auf. Der Sanitäter sorgt sich um den Mann und verbindet seine Wunden. Er raunzt die beiden Damen an: „Rufen Sie doch endlich einen Rettungswagen!“ Frau Schmitt antwortet brüskiert: „Hey, junger Mann, was erlauben Sie sich!“. Frau Hesse wählt derweil die Notrufnummer. Nach kurzer Zeit hören sie laute Sirenen, der Rettungswagen kommt angeschossen. Die beiden Männer, ein Arzt und ein Sanitäter, stürzen aus dem Wagen. Sofort kümmern sie sich um den verletzten Mann. Als sie bemerken, dass er schon super versorgt worden ist, sind sie beruhigt. Sie laden den Verletzten in ihren Rettungswagen und brausen wie der Wind eilig davon.
Frau Hesse und Frau Schmitt wollen natürlich wissen, wie es dem jungen Mann geht. Am nächsten Tag suchen sie das Krankenhaus auf und erkundigen sich nach dem verletzten Mann. Sie erfahren, dass er nur leichte Verletzungen hat. Der Fußgänger zieht sich eine Gehirnerschütterung sowie Prellungen zu. Nach dem flüchtigen Autofahrer wird noch gefahndet. Er muss mit einer Anklage wegen Unfallflucht rechnen.

Mein Tag in der Gärtnerei Müller

Im August beginnt mein erster Tag als Gärtnerin in der Gärtnerei Müller um 7.00 Uhr. Das war aber ziemlich ätzend, so früh aufzustehen. Als erstes musste ich mich im Umkleideraum umziehen. Meine Arbeitskleidung war zwar praktisch und bestand aus einer grünen Hose und einem grünem Oberteil, sah aber total blöde an mir aus. Meine erste Tätigkeit besteht im Aufbauen der Außenware, das heißt ich musste die Ständer für die Pflanzen draußen aufstellen und die Pflanzen hübsch darauf anordnen. Dabei kam die erste Kundin. Sie kam auf mich zu und fragte: „Das machen sie aber hübsch. Was sind denn das für Pflanzen, die Sie hier ausstellen?“ Ich antwortete: „Viele verschiedene, Tulpen, Narzissen, Hyazinthen, also alles Frühblüher.“ „Was sind denn Frühblüher?“ fragt die Frau mich interessiert. Ich erklärte ihr ausführlich und geduldig, was Frühblüher sind.

Sie hörte aufmerksam zu. Mein erstes Verkaufsgespräch dauerte deswegen 30 Minuten, aber immerhin kaufte die Kundin dafür auch Pflanzen. Da das Gespräch sehr lange dauerte, war ich erst um 9.00 Uhr mit dem Aufbau fertig. Danach meldete ich mich bei meinem Praktikumsbetreuer. Er fragte mich, warum ich denn so lange gebraucht hatte. Ich erklärte ihm die Situation. Er ist zufrieden mit mir und schickt mich in die Frühstückspause.

Als die Pause zu Ende war, fragte ich: „Was soll ich nun tun?“ Mein Betreuer erklärte mir meine nächste Aufgabe. Um 10.00 Uhr begann ich mit dem Umtopfen von Primeln. Ich musste zuerst die Erde und die Töpfe bereitstellen und anschließend die Pflanzen holen. Um 13.00 Uhr hatte ich 50 Pflanzen umgetopft und auf einen Tisch im Verkaufsraum aufgestellt. Die Pflanzen wurden nun für 1 € das Stück verkauft.

Um 13.30 Uhr hatte ich Mittagspause. Ich musste mich beeilen, denn um 14.00 Uhr sollte ich in die Baumschule kommen. Dort half ich eine große Bestellung zusammenzusuchen. Wir stellten die Töpfe auf die Ladefläche des Transporters und sicherten sie mit Bändern. Da es sich um 50 verschieden große Töpfe mit unterschiedlichen Pflanzen handelte, dauerte es bis 15.00 Uhr. Ein größerer Topf fiel mir direkt auf den Fuß und ich schrie: „Autsch. Verdammter Mist!“ Ein Kollege brachte mir einen kalten Umschlag, sodass ich meinen Fuß kühlen konnte. Trotzdem denke ich, dass es ein richtig großen blauer Fleck gibt. Als ich meinen Fuß genügend gekühlt hatte, durfte ich mitfahren und die Pflanzen mit ausladen. Der Landschaftsarchitekt hatte genau vorgegeben, wo was hingepflanzt werden sollte und wir pflanzten die Pflanzen dort ein. Dies machten wir bis um 17.00 Uhr. Um 17.00 Uhr fahren wir zurück in die Gärtnerei und ich ziehe mich um. Um 17.15 Uhr hatte ich Feierabend. Ich rufe: „Tschüss, bis morgen!“ Alles in allem war es ein aufregender Tag, an dem ich eine Menge erlebte und lernte. Ich hoffe, die restlichen Tage sind genauso gut.

Studie zur Zufriedenheit Jugendlicher

Eine aktuelle Vergleichsstudie beschäftigt sich mit den Bedingungen von Jugendlichen und Kindern in Industrieländern. In Deutschland hat sich das Lebensumfeld ganz schön verbessert. Vergleicht man die Industrieländer, liegt Deutschland unglaublicherweise schon auf Platz 6. Das ist eine wahnsinnige Leistung, wenn man bedenkt, dass es ja mehrere Industrieländer gibt. Ist ja nicht so, dass das nur 6 wären, denn dann wäre der 6. Platz eher schlecht, oder?
Aber zurück zu der Studie: Untersucht wurden so Sachen wie Armut, Gesundheit oder Bildung. Und mal ehrlich: Inzwischen rauchen deutlich weniger Jugendliche als früher, was auf jeden Fall ein Fortschritt ist. Gestern habe ich zwei beim Rauchen erwischt. Sie standen in dem kleinen Waldstück direkt hinter unserer Schule und haben sich gar nicht stören lassen. Ich würde mich dort nicht hinstellen. Aber wenn man zu denen was sagt, kommen nur blöde Kommentare wie „Was geht dich das denn an?“
Bildung: Auch in den PISA-Tests schneidet Deutschland inzwischen viel besser ab. Als das losging mit PISA, da war das anders und das Geschreie war groß. Das war ungefähr 2001 oder so.
Soweit also die Daten, die erhoben wurden.
Anders sieht das aus, wenn man die Jugendlichen selbst befragt. Jeder siebte Jugendliche in Deutschland ist mit sich und seiner Situation unzufrieden, und damit fällt Deutschland auf Platz 22 von 29 untersuchten Ländern. Das heißt also, die Jugendlichen sind eigentlich viel zufriedener als sie selber glauben. Komisch, oder? Sind sie nun zufrieden oder nicht?
Eigentlich haben wir doch alles, was wir brauchen. Allerdings sagt mein Opa auch immer: „Ihr wisst gar nicht, wie gut es euch geht. Im krieg hatten wir nichts und waren trotzdem zufrieden.“
Das Problem sehen Forscher in der mangelnden Perspektive vieler Jugendlicher. Sie fühlen sich ständig unter Druck und gefordert, ohne genau zu wissen, wo ihr Weg sie hinführt. In der Schule spürten sie ständig den Leistungsdruck, die Eltern stressten sie und es blieb kaum noch Zeit für Hobbys oder Spaß. Deshalb äußerten sie sich auch so negativ bei der Befragung.
Wie in den Jahren zuvor befinden sich die Niederlande auf Platz eins. Die sind nicht nur zufriedener, sondern fühlen sich auch so. Und ganz ähnlich ist es auch in den Ländern, wo es immer kalt ist, also Norwegen, Finnland und Skandinavien und Dänemark.
Am Ende der Liste befand sich Rumänien.
Diese Studie wird übrigens jedes Jahr durchgeführt.

Aus Wildunfall wird Massenkarambolage auf der A5

Zu einem Wildunfall kommt es am Montag um 19.00 Uhr auf der A5 zwischen Heidelberg und Schriesheim. Die Autobahn war zu dieser Zeit vollbefahren, da reger Feierabendverkehr herrschte. Eine Kolonne von mehreren Fahrzeugen befuhr dabei die rechte Spur.

Die Sonne versinkt tiefrot hinter dem Königsstuhl und es herrschte eine bildschöne Abendstimmung. Eine 54-jährige Autofahrerin aus Karlsruhe war mit ihrem Pkw in Richtung Heidelberg unterwegs, als plötzlich ein Reh über die Straße lief. Die 54-jährige konnte nicht mehr ausweichen und musste scharf bremsen. Für den hinteren Fahrer eines silbernen Citroen Picasso stellte sich die Situation jedoch völlig anders da: Ohne ersichtlichen Grund vollführte die Fahrerin vor ihm eine Vollbremsung! „So ein Mist!“, dachte sich der nachfolgende Fahrer. Der äußerst betagte Fahrer, ein 70-jähriger Bensheimer, konnte zwar ein Auffahren verhindern, nicht jedoch die vier hinter ihm fahrenden Fahrzeuge, die nacheinander alle zusammenstießen. Der unfallverursachende Fahrer des Citroens bekommt jedoch davon nichts mit und fuhr ohne anzuhalten davon. Ebenso wenig wie die 54-jährige Fahrerin aus Karlsruhe, die ursächlich den Unfall ausgelöst hatte.

Die Insassen der vier Fahrzeuge bleiben alle größtenteils nur leicht verletzt. Ein Beifahrer jedoch verletzte sich schwer am Kopf, da er zum Zeitpunkt des Unfalls mit dem Kopf gegen die Seitenscheibe geschlafen hatte. Als er aus dem Auto ausstieg blutete er wie ein Schwein. Alle guckten ihn entsetzt an. Sein Freund – der Fahrer des PKWs – ruft laut: „So holt doch verdammt noch mal jemand einen Rettungswagen!“

Ein herbeieilender Passant, der aufgrund des Unfalls angehalten hatte, wählte die Nummer des Notrufs: „Bitte kommen Sie schnell auf die A5, hier ist ein echt krasser Unfall passiert! Wir befinden uns auf der Höhe zwischen Heidelberg und Schriesheim.“ Kurz darauf kamen die Rettungswagen und die Polizei. Sie sperrten die Unfallstelle ab und der Verletzte konnte versorgt werden. Die rechte Spur der A5 war über zwei Stunden nicht befahrbar. Der Verkehr musste einseitig von der Polizei geregelt werden.

Abschließend bleibt noch zu sagen, dass das Reh bei dem Ganzen unverletzt blieb. Passanten sahen es anschließend glücklich im Wald verschwinden, nachdem es neben der Autobahn eine Weile glücklich gegrast hatte.

An den vier Pkws entsteht ein erheblicher Sachschaden, die Polizei schätzt ihn auf die Höhe von 40 000 Euro. Die Polizei bittet um Mithilfe, sie möchte die 54-jährige Fahrerin und den Fahrer des Citroens ausfindig machen. Dazu bitte sachdienliche Hinweise unter Tel. 06322/9966333-0 oder polizeiHD@polizei-deutschland.de melden.

Methode

Die Methode Runder Tisch ermöglicht es den Schülern, kooperativ am selben Unterrichtsgegenstand zu arbeiten. Die Grundlage bildet immer das Schreibprodukt eines Mitschülers, wodurch gezielt an individuellen Fehlerschwerpunkten gearbeitet werden kann. Die Schüler erhalten dabei Tipps von ihren Mitschülern und geben ihre eigene Sicht der Dinge weiter. So entsteht im Anschluss an eine schriftliche Arbeitsphase eine Gesprächsgrundlage, mit deren Hilfe das erworbene fachliche Wissen vertieft werden kann.

Hinweise/Tipps

Im vorhergehenden Kapitel haben sich die Schüler mit fehlerhaften Berichten auseinandergesetzt. Die Arbeitsergebnisse jener Sequenz dienen nun als Basis für die Weiterarbeit, da es Schülern erfahrungsgemäß leichterfällt, erarbeitete Textsortenmerkmale umzusetzen, wenn sie sich zuvor mit einem Negativbeispiel auseinandergesetzt haben.
Teilen Sie die Klasse in Vierergruppen ein. Belassen Sie die Zusammensetzung der Gruppen aus der vorhergehenden Unterrichtssequenz „Einen Bericht auf Merkmalstreue untersuchen", sofern mit dieser gearbeitet wurde. Geben Sie dann jeder Gruppe ihr Brainwriting-Plakat und den dazugehörigen Bericht (siehe Kapitel „Einen Bericht auf Merkmalstreue untersuchen").
Sollten Sie sich gegen die Durchführung der vorhergehenden Unterrichtssequenz entschieden haben, können Sie für die Gruppen stattdessen Karteikarten vorbereiten, auf denen diverse W-Fragen beantwortet sind. In diesem Fall müssen die Aufgaben 1 und 2 auf der Materialseite 1 nicht bearbeitet werden. Die Brainwriting-Plakate bzw. die Karteikarten geben den Schülern vor, zu welchen Fakten ein Bericht verfasst werden soll.
Dabei können sie sich im Schutz der Kleingruppe ausprobieren und erhalten von ihren Mitschülern Überarbeitungshinweise. Die Planungsphase findet in der Kleingruppe statt (Aufgaben 1–3). Nach dem Schreibprozess in Einzelarbeit geben die Mitschüler Rückmeldungen zu den entstandenen Texten. Mithilfe dieser Hinweise kann die gezielte Überarbeitung, z. B. als Hausaufgabe, erfolgen (Aufgaben 4–10).
Durch den Dreischritt Planen – Schreiben – Überarbeiten beschäftigen sich die Schüler intensiv mit den Textsortenmerkmalen. Außerdem erfahren sie die Relevanz von Textüberarbeitungen. Im Anschluss an die Unterrichtssequenz könnten beispielsweise die Erst- und Zweittexte miteinander verglichen werden, um erkennbare Verbesserungen zu thematisieren.

Material

- Materialseiten 1 und 2
- Materialseiten 1 bis 4 aus dem Kapitel „Einen Bericht auf Merkmalstreue untersuchen"
- Brainwriting-Plakate aus dem Kapitel „Einen Bericht auf Merkmalstreue untersuchen" oder einen Satz Karteikarten mit beantworteten W-Fragen für jede Gruppe
- leere Extrablätter
- Wörterbücher

1 Betrachtet den vorliegenden fehlerhaften Bericht und das dazu passende Brainwriting-Plakat. Lest die Aufzeichnungen gemeinsam durch und notiert auf dem Plakat, wie ihr die einzelnen Fehler korrigieren könntet.

Planung des Berichts:

2 Geht den Bericht gemeinsam durch.
Notiert dabei die Antworten zu folgenden W-Fragen:

a Wer? Um wen geht es in dem Bericht?

____

b Wo? Wo fand/findet das Geschehen statt?

____

c Wann? Wann fand/findet das Geschehen statt?

____

d Was? Wovon handelt der Bericht?

____

3 Was sollte als Erstes genannt/berichtet werden, was als Zweites usw.? Einigt euch und notiert einen möglichen Aufbau in fünf bis sieben Stichpunkten. Bedenkt, dass nur wichtige Informationen in den Bericht einfließen sollen.

Einleitung: (wichtigste Informationen kurz und knapp, Übersicht für den Leser)

____

____

____

Hauptteil: (ausführlichere Berichterstattung in korrekter Reihenfolge)

____

____

____

____

____

Schluss: (Folgen oder Ergebnisse)

____

____

____

Schreiben des Berichts:

4 Jeder von euch schreibt nun in Einzelarbeit seinen Bericht auf ein Extrablatt. Lasse dafür die vorherigen Planungsschritte einfließen. Orientiere dich an den W-Fragen und weiteren dir bekannten Merkmalen eines Berichts. Schreibe ordentlich und deutlich, da nachher deine Gruppenmitglieder deinen Bericht lesen und kommentieren sollen.

5 Wenn du fertig bist, gib den anderen Gruppenmitgliedern Bescheid. Falls diese noch Zeit benötigen, gehe deinen Bericht zeilenweise durch und schlage Wörter, bei deren Schreibung du unsicher bist, nach.

Kommentieren des Berichts:

6 Reicht nun eure Berichte im Uhrzeigersinn weiter. Lest den Bericht eures Nachbarn und betrachtet dabei jedes Verb. Unterstreicht alle Verben, die in der falschen Zeitform verwendet oder falsch gebildet wurden.

7 Reicht den Bericht erneut weiter. Lest den euch nun vorliegenden Bericht satzweise. Überlegt genau, ob überall eine sachliche, neutrale Sprache verwendet wurde. An keiner Stelle sollte die Meinung des Autors zu dem Thema deutlich werden. Streicht Textstellen, die unsachlich formuliert sind, an, und notiert eine alternative Formulierung.

8 Reicht den Text ein weiteres Mal im Uhrzeigersinn weiter. Lest den Bericht nun wortweise von hinten nach vorne, um Rechtschreibfehler zu identifizieren. Schlagt im Wörterbuch nach, wenn ihr unsicher seid. Streicht falsch geschriebene Wörter an und ergänzt die korrekte Schreibweise.

Überarbeiten des Berichts:

9 Gebt die Berichte an die ursprünglichen Autoren zurück. Überarbeitet euren Bericht mithilfe der formulierten Hinweise.

10 Notiere abschließend hier, was du heute Neues gelernt hast und worin du durch den Runden Tisch besser geworden bist.

____

____

____

____

____

____

____

____

____

____

Zeitformen der Vergangenheit: Präteritum, Perfekt und Plusquamperfekt anwenden

Methode

Die Methode Dreiergespräch fördert nicht nur die Kommunikationskompetenz der Schüler, sondern auch deren Sachkompetenz, das Grammatikwissen anzuwenden. Sie setzen dabei um, was sie bereits gelernt oder geübt haben. Da mehrere Karten zur Auswahl stehen, kann jeder Schüler selbst entscheiden, wozu er etwas sagen kann und möchte. Dadurch fühlt er sich weniger unter Druck gesetzt und es findet eine natürliche Differenzierung statt.

Hinweise/Tipps

Die Schüler werden in Dreiergruppen eingeteilt. Jede Gruppe erhält einen Satz Witzekarten sowie eine Spielanleitung. Die Materialseiten 1 und 2 bzw. 3 und 4 müssen hierfür doppelseitig kopiert und zugeschnitten werden, sodass sich die entsprechende Lösung immer auf der Rückseite einer Witzekarte befindet. Bei mehrfachem oder wiederholtem Einsatz empfiehlt sich, sämtliche Materialien vor dem Ausschneiden zu laminieren.
Die Schüler sollten bereits gelernt haben, wie man das Präteritum, das Perfekt und das Plusquamperfekt bildet und wann die jeweilige Vergangenheitsform verwendet wird. Die Witze, mit denen in dieser Unterrichtssequenz gearbeitet wird, sind im Präsens formuliert und sollen ins Präteritum bzw. ins Perfekt umgewandelt werden. Sie enthalten absichtlich Formulierungen, die immer wieder das Plusquamperfekt verlangen. Die Schüler müssen demnach entscheiden, welche Vergangenheitsform an welcher Stelle sinnvoll ist. Dasselbe gilt für die wörtliche Rede und die Infinitivkonstruktionen in den Witzen. Ein automatisches, unreflektiertes Handeln wird dadurch unterbunden.
Als Differenzierung für schnelle Gruppen kann anschließend die Aufgabe gestellt werden, zu überlegen, in welcher Zeitform die Witze am besten klingen und woran das liegen könnte. So ermöglichen sie gleichzeitig eine Reflexion über den sinnvollen Gebrauch der Zeitformen.
Bei zu großen Unsicherheiten empfiehlt es sich, ein Beispiel im Plenum vorzuführen. Dieses kann im Sinne der Differenzierung ohne Weiteres danach wieder auf den Schülertisch gelegt werden.

Material

- Materialseiten 1 und 2 sowie 3 und 4 jeweils doppelseitig kopiert, für jede Gruppe
- evtl. Schere für jede Gruppe

Schneidet die folgenden Kärtchen aus und legt sie aufgedeckt auf den Tisch.
Zieht der Reihe nach ein Kärtchen und lest zuerst nur den Witz vor. Wer das Kärtchen gezogen hat, wandelt den Witz ins Präteritum und anschließend ins Perfekt um. Beachtet, dass ihr an manchen Stellen das Plusquamperfekt verwenden müsst, wenn es sich um Ereignisse in der Vorvergangenheit handelt.
Haltet das Kärtchen so, dass der Nachbar links von euch auf der Rückseite die Verben kontrollieren kann. Wenn ihr eine Zeitform falsch gebildet habt, korrigiert er euch nach dem Erzählen des Witzes. Wiederholt den Witz dann mit der korrekten Zeitform.

Stefan unternimmt eine Kreuzfahrt. Nachdem er ausgiebig gefrühstückt hat, geht er an Deck und wird dort von einem Mann angesprochen: „Wie können Sie sich als junger Mann eigentlich so eine Kreuzfahrt leisten? Was arbeiten Sie denn?“
„Ich bin Trompeter“, antwortet Stefan. Als sich der Mann wundert, erklärt Stefan weiter: „Da verdient man zwar nicht so gut, aber meine Nachbarn legen regelmäßig zusammen, damit sie ihre Ruhe haben.“

Ein Ehepaar fährt nach Spanien in den Urlaub. Bevor sie auf die Autobahn auffahren, platzt plötzlich ein Reifen. Vom lauten Knall erschreckt, lenkt der Mann das Auto an den Straßenrand, versichert sich, dass von hinten kein Auto kommt, steigt aus und betrachtet den Schaden. Er untersucht den Reifen sehr genau, bevor er freudig seiner Frau zuruft: „Wir haben Glück gehabt! Der Reifen ist nur unten platt!“

Herbert und seine Frau sind zu einem Boxkampf unterwegs. Nachdem seine Frau aber so lange im Bad gebraucht hat, kommen sie zwanzig Minuten zu spät. Der Boxkampf hat bereits begonnen. Herbert kann seine Enttäuschung nicht verbergen. Da tröstet ihn seine Frau: „Weißt du was, als Wiedergutmachung bleiben wir einfach zwanzig Minuten länger.“

Willi hat vor, etwas gegen seine ständige Angst zu tun und beschließt deshalb, an einem Bungee-Springen teilzunehmen. Bevor er aus großer Höhe abspringen soll, befestigt ein Mitarbeiter ein Gummiseil an seinen Knöcheln. Besorgt stammelt Willi: „Was … was ist eigentlich … wenn das Seil reißt?“
Da winkt der Helfer ab: „Das wäre nicht so schlimm. Wir haben noch eins auf Reserve.“

Zwei Bergsteiger erklimmen den Mount Everest. Nachdem sie ein gutes Stück geschafft haben, rutscht einer der beiden aus und stürzt in eine Felsspalte. Ruft der andere Bergsteiger ihm hinterher: „Ist dir was passiert?“
Da ertönt die Antwort aus der Tiefe: „Keine Ahnung, ich falle noch!“

Nachdem Herr und Frau Schmitt einen heftigen Ehekrach hatten, unternehmen sie zur Versöhnung einen Ausflug. Als sie einen Bauernhof passieren, sieht Frau Schmitt zwei Schweine, die sich im Dreck suhlen. Sie bemerkt gegenüber ihrem Mann: „Guck mal, Verwandte von dir!“
Herr Schmitt schaut zu den Schweinen, lacht und entgegnet: „Ach ja, die lieben Schwiegereltern!“

Zeitformen der Vergangenheit: Präteritum, Perfekt und Plusquamperfekt anwenden

Bei richtiger Zeitformbildung muss nun der linke Nachbar die Witze in der korrekten Zeitform wiederholen.
Erst wenn jeder Witz von zwei Personen korrekt in beiden Zeitformen wiedergegeben wurde, dürft ihr die Karte ablegen und im Uhrzeigersinn die nächste Karte ziehen.

<u>Witz im Präteritum:</u> unternahm, gefrühstückt hatte, ging, wurde angesprochen, können leisten, arbeiten, bin, antwortete, wunderte, erklärte, verdient, legen zusammen, haben

<u>Witz im Perfekt:</u> hat unternommen, gefrühstückt hatte, ist gegangen, ist angesprochen worden, können leisten, arbeiten, bin, hat geantwortet, hat gewundert, hat erklärt, verdient, legen zusammen, haben

<u>Witz im Präteritum:</u> fuhr, aufgefahren waren, platzte, lenkte, versicherte, kam, stieg aus, betrachtete, hatte untersucht, zurief, haben gehabt, ist

<u>Witz im Perfekt:</u> sind gefahren, aufgefahren waren, ist geplatzt, hat gelenkt, hat versichert, gekommen ist, ist ausgestiegen, hat betrachtet, hatte untersucht, hat zugerufen, haben gehabt, ist

<u>Witz im Präteritum:</u> waren, gebraucht hatte, kamen, hatte begonnen, konnte verbergen, tröstete, weißt, bleiben

<u>Witz im Perfekt:</u> sind gewesen, gebraucht hatte, sind gekommen, hatte begonnen, hat verbergen können, hat getröstet, weißt, bleiben

<u>Witz im Präteritum:</u> hatte vor, tun, beschloss, teilzunehmen, abspringen sollte, hatte befestigt, stammelte, ist, reißt, winkte ab, wäre, haben

<u>Witz im Perfekt:</u> hat vorgehabt, tun, hat beschlossen, teilzunehmen, hat abspringen sollen, hatte befestigt, hat gestammelt, ist, reißt, hat abgewinkt, wäre, haben

<u>Witz im Präteritum:</u> erklommen, geschafft hatten, rutschte, stürzte, rief, ist, ertönte, falle

<u>Witz im Perfekt:</u> erklommen haben, geschafft hatten, ist gerutscht, ist gestürzt, hat gerufen, ist, ist ertönt, falle

<u>Witz im Präteritum:</u> gehabt hatten, unternahmen, passierten, sah, suhlten, bemerkte, guck, schaute, lachte, entgegnete

<u>Witz: im Perfekt:</u> gehabt hatten, haben unternommen, passiert haben, hat gesehen, gesuhlt haben, hat bemerkt, guck, hat geschaut, hat gelacht, hat entgegnet

Zeitformen der Vergangenheit: Präteritum, Perfekt und Plusquamperfekt anwenden

3

Ein Tourist hat sich in der Wüste verlaufen. Immer mehr merkt er, wie der Durst in ihm wächst. Seine Kehle brennt und die Hitze nimmt weiter zu. Doch als er einem Händler begegnet und diesen um ein Glas Wasser bittet, erhält er zur Antwort: „Tut mir leid, aber ich verkaufe nur schwarze Schuhe. Möchten Sie vielleicht welche?“
Der Tourist schüttelt verständnislos den Kopf und geht weiter, auf eine nächste Chance hoffend. Schließlich gelangt er an eine Oase. Mit letzten Kräften schleppt er sich zu einem Restaurant und tritt ein, um endlich etwas zu trinken zu bekommen. Doch der Türsteher hält ihn auf: „Sorry, aber der Eintritt ist nur mit schwarzen Schuhen gestattet.“

Eine Blondine fährt zum ersten Mal mit ihrem Auto in den Urlaub. Nachdem bisher alles gutgegangen ist, stößt sie auf halber Strecke mit einem Baum zusammen. Das Auto hat einen Totalschaden. Es dampft aus allen Ritzen und die Blondine tobt vor Wut. Mit hochrotem Kopf kämpft sie sich aus dem Auto, stellt sich vor den Baum und brüllt: „Hey, hast du denn nicht gehört, dass ich gehupt habe?“

Der neue Lehrer begibt sich mit seiner 3. Klasse auf einen Ausflug. Wartend stehen sie am Bahnhof. Ständig kommen Züge an und setzen ihre Fahrt nach kurzer Zeit fort, aber immer hält der Lehrer seine Klasse vom Einsteigen ab. Nachdem bereits der zwölfte Zug ohne sie abgefahren ist, meint einer der Schüler zum Lehrer: „Sollten wir nicht langsam mal in einen der Züge einsteigen?“ Der Lehrer nickt und erwidert: „Ja, du hast recht. Den nächsten nehmen wir, auch wenn nur 1. und 2. Klasse draufsteht.“

Die neue Sekretärin arbeitet heute zum ersten Mal. Sie richtet ihr Büro ein. Mehrmals klingelt das Telefon, doch sie beachtet es gar nicht. Nachdem das Telefon bereits zehnmal geklingelt hat, stürmt der Chef genervt aus seinem Zimmer. „Möchten Sie nicht irgendwann mal rangehen?“
Die Sekretärin schaut ihn irritiert an: „Oh nein, es ist nicht für mich. Es weiß noch niemand, dass ich hier arbeite.“

Ein ostfriesisches Ehepaar begibt sich auf eine Schiffsreise. Nach einer Woche geht ihnen die saubere Wäsche aus, also macht sie sich auf den Weg, um einen Waschsalon zu suchen. Als sie zurückkommt, sieht sie, wie ihr Mann die Wäsche aus dem geöffneten Bullauge wirft. „Was machst du denn da?“, fragt sie aufgeregt.
„Ich habe endlich die Waschmaschine gefunden“, antwortet er stolz, „Unglaublich, was da alles reinpasst.“

Gustav hat schon des Öfteren seine Lehrerin geduzt. Nun soll er zur Strafe dreißigmal schreiben: Ich darf meine Lehrerin nicht duzen. Am nächsten Tag legt Gustav ihr die Strafarbeit vor. Statt dreißigmal hat er den Satz aber sechzigmal geschrieben. „Warum hast du es denn doppelt so oft geschrieben wie verlangt?“, erkundigt sich die Lehrerin. Da antwortet Gustav lächelnd: „Weil ich dir eine Freude machen wollte.“

Zeitformen der Vergangenheit: Präteritum, Perfekt und Plusquamperfekt anwenden

Witz im Präteritum: hatte verlaufen, merkte, wuchs, brannte, nahm zu, begegnete, bat, erhielt, tut, verkaufe, möchten, schüttelte, ging, gelangte, schleppte, trat ein, trinken zu bekommen, hielt auf, ist gestattet

Witz im Perfekt: hatte verlaufen, hat gemerkt, ist gewachsen, hat gebrannt, hat zugenommen, ist begegnet, hat gebeten, hat erhalten, tut, verkaufe, möchten, hat geschüttelt, ist gegangen, ist gelangt, hat geschleppt, ist eingetreten, trinken zu bekommen, hat aufgehalten, ist gestattet

Witz im Präteritum: fuhr, gutgegangen war, stieß zusammen, hatte, dampfte, tobte, kämpfte, stellte, brüllte, hast gehört, gehupt habe

Witz im Perfekt: ist gefahren, gutgegangen war, ist zusammengestoßen, hatte gehabt, hat gedampft, hat getobt, hat gekämpft, hat gestellt, hat gebrüllt, hast gehört, gehupt habe

Witz im Präteritum: begab, standen, kamen an, setzten fort, hielt ab, abgefahren war, meinte, sollten einsteigen, nickte, erwiderte, hast, nehmen, draufsteht

Witz im Perfekt: hat begeben, haben gestanden, sind angekommen, haben fortgesetzt, hat abgehalten, abgefahren war, hat gemeint, sollten einsteigen, hat genickt, hat erwidert, hast, nehmen, draufsteht

Witz im Präteritum: arbeitete, richtete ein, klingelte, beachtete, geklingelt hatte, stürmte, möchten rangehen, schaute an, ist, weiß, arbeite

Witz im Perfekt: hat gearbeitet, hat eingerichtet, geklingelt hat, hat beachtet, geklingelt hatte, ist gestürmt, möchten rangehen, hat angeschaut, ist, weiß, arbeite

Witz im Präteritum: begab, ging aus, machte, zu suchen, zurückkam, sah, warf, machst, fragte, habe gefunden, antwortete, reinpasst

Witz im Perfekt: hat begeben, ausgegangen ist, hat gemacht, zu suchen, zurückgekommen ist, hat gesehen, geworfen hat, machst, hat gefragt, habe gefunden, hat geantwortet, reinpasst

Witz im Präteritum: hatte geduzt, sollte schreiben, darf duzen, legte vor, hatte geschrieben, hast geschrieben, verlangt, erkundigte, antwortete, machen wollte

Witz im Perfekt: hatte geduzt, hat schreiben sollen, darf duzen, hat vorgelegt, hatte geschrieben, hast geschrieben, verlangt, hat erkundigt, hat geantwortet, machen wollte

Methode

Mithilfe der Methode Lerntempoduett kann jeder Schüler in seinem individuellen Lerntempo arbeiten. Die Aufgaben werden dabei zunächst in Einzelarbeit gelöst, sodass die Lehrkraft Schwächen und Stärken individuell erkennen und gegebenenfalls unterstützend eingreifen kann. Die Weiterarbeit gemeinsam mit einem Partner ermöglicht im Anschluss an diese erste Phase eine zielgerichtete Kontrolle und Absprache, sodass aus den Lösungen des Partners gelernt werden kann.

Hinweise/Tipps

Vor der Übung im Lerntempoduett sollte den Schülern bereits bekannt sein, wie die Zeitformen Futur I und Futur II gebildet werden und wann sie zu verwenden sind. Die Arbeitsblätter dienen somit der Übung und nicht einer Erarbeitung. Allerdings wurde bei der Erstellung darauf Wert gelegt, dass nicht nur die bloße Zeitformbildung geübt wird, sondern die korrekte Verwendung und vor allem die Reflexion über den Gebrauch der Zeitformen im Mittelpunkt stehen. Dazu spüren die Schüler in Einzelarbeit in einem Text (jeweils Aufgabe 2) Fehlerstellen auf, begründen ihre Einschätzung und korrigieren Fehler eigenständig. Gleichzeitig üben sie die korrekte Zeitformverwendung an eigenen Texten, da dies besonders motivierend ist.
Richten Sie vor Beginn der Arbeitsphase zwei Treffpunkte ein, an denen sich die Schüler nach der Einzelarbeitsphase einfinden können. Dort werden die Materialseiten 3 ausgelegt, an denen dann mit einem Partner gemeinsam weitergearbeitet wird. Die Aufgaben auf dieser Seite sind inhaltlich anspruchsvoller und verlangen sowohl eine Diskussion als auch eine Einigung. Es bietet sich an, auch die Materialseiten 3 nur in halber Klassenstärke auszulegen, sodass immer zwei Schüler auf einem gemeinsamen Blatt arbeiten und so der kooperative Aspekt gefördert wird. Nach der Bearbeitung können die ausgefüllten Arbeitsblätter eventuell für die jeweiligen Lernpartner kopiert werden, damit jeder Schüler die Lösungen besitzt.

Material

Materialseiten 1 bis 3 in halber Klassenstärke

Zeitformen der Zukunft: Präsens, Futur I und Futur II anwenden

1 Erläutere anhand folgender Stichpunkte, was Lea in den anstehenden Ferien unternimmt. Schreibe in ganzen Sätzen und verwende dabei nur das Präsens.

- Verwandte in Frankreich besuchen
- an den Strand fahren
- im Atlantik schwimmen
- Möwen beobachten
- nach Muscheln suchen
- durch den Sand spazieren
- Abende an der Lieblingsstrandbar verbringen
- alte Freunde treffen, die sie von klein auf kennt

2 Nachdem Dornröschen zur Welt gekommen war und ihre Eltern die dreizehnte Fee nicht eingeladen hatten, weil sie zu wenig Geschirr hatten, sprach diese einen furchtbaren Fluch aus:
„Eines Tages wird sich die Prinzessin an einem Rosenbusch stechen. Daraufhin wird sie in einen tiefen Schlaf fallen und mit ihr der gesamte Hofstaat. Die Bauern werden beim Ernten auf den Äckern zusammenbrechen, die Güter werden verdorren und Unkraut wird das gesamte Feld überwuchern. Die Küchenhelfer werden beim Kochen einschlafen, während die Suppe weiterbrodeln wird, bis nichts mehr übrig ist.
Die Ammen werden beim Schaukeln der Kinder wegschlummern und die Kleinen werden mit geschlossenen Augen auf den Schaukeln sitzen und nur noch vom Wind bewegt werden.
Dies wird so lange dauern, bis ein Prinz den Fluch von ihr nehmen wird.“

a Fertige in deinem Deutschheft eine Tabelle nach folgendem Muster an und trage in die rechte Spalte alle Futur-I-Formen ein, die du in dem Feenfluch findest. Ignoriere vorerst die Unterstreichung im Text.

Präsens	Futur I

b Trage nun die passenden Präsensformen der Verben in die linke Spalte ein.

c Ergänze die korrekten Verbformen in der folgenden Tabelle.

	kämmen (Präsens)	kämmen (Futur I)	werden (Präsens)	werden (Futur I)
du				
wir				
ihr				

3 Gehe zum Treffpunkt, wenn du mit den Aufgaben fertig bist.

1 Erläutere anhand folgender Stichpunkte, was Lea in den anstehenden Ferien unternimmt. Schreibe in ganzen Sätzen und verwende dabei nur das Futur I.

- Verwandte in Frankreich besuchen
- an den Strand fahren
- im Atlantik schwimmen
- Möwen beobachten
- nach Muscheln suchen
- durch den Sand spazieren
- Abende an der Lieblingsstrandbar verbringen
- alte Freunde treffen, die sie von klein auf kennt

2 Nachdem Dornröschen zur Welt gekommen war und ihre Eltern die dreizehnte Fee nicht eingeladen haben, weil sie zu wenig Geschirr hatten, sprach diese einen furchtbaren Fluch aus:
„Eines Tages sticht sich die Prinzessin an einem Rosenbusch. Daraufhin fällt sie in einen tiefen Schlaf und mit ihr der gesamte Hofstaat. Die Bauern brechen beim Ernten auf den Äckern zusammen, die Güter verdorren und Unkraut überwuchert das gesamte Feld. Die Küchenhelfer schlafen beim Kochen ein, während die Suppe weiterbrodelt, bis nichts mehr übrig ist.
Die Ammen schlummern beim Schaukeln der Kinder weg und die Kleinen sitzen mit geschlossenen Augen auf den Schaukeln und <u>werden nur noch vom Wind bewegt</u>. Dies dauert so lange, bis ein Prinz den Fluch von ihr nimmt."

a Fertige in deinem Deutschheft eine Tabelle nach folgendem Muster an und trage in die rechte Spalte alle Futur-I-Formen ein, die du in dem Feenfluch findest. Ignoriere vorerst die Unterstreichung im Text.

Präsens	Futur I

b Trage nun die passenden Futur-I-Formen der Verben in die rechte Spalte ein.

c Ergänze die korrekten Verbformen in der folgenden Tabelle.

	kämmen (Präsens)	kämmen (Futur I)	werden (Präsens)	werden (Futur I)
du				
wir				
ihr				

3 Gehe zum Treffpunkt, wenn du mit den Aufgaben fertig bist.

Zeitformen der Zukunft: Präsens, Futur I und Futur II anwenden

4 Lest euch zunächst eure Ergebnisse aus den Aufgaben 1 gegenseitig vor und prüft, ob die Zeitformen jeweils richtig gebildet wurden. Korrigiert eure Ergebnisse, wenn nötig.

5 Vergleicht eure Tabellen aus den Aufgaben 2 a)–c). Korrigiert eure Ergebnisse, falls sie voneinander abweichen. Markiert dabei deutlich falsche Eintragungen, damit ihr sie später thematisieren könnt.

6 **a** In dem Feenfluch auf Materialseite 1 ist eine Textstelle unterstrichen. Klärt, welche Zeitform dort verwendet wurde. Notiert euer Ergebnis hier.

____

b In welcher Zeitform müsste die unterstrichene Stelle korrekterweise stehen? Notiert die Bezeichnung der Zeitform und schreibt den kompletten Satz erneut ab, aber diesmal mit Verwendung der korrekten Zeit.

____

____

c Auch in dem Feenfluch auf Materialseite 2 ist eine Textstelle unterstrichen. Klärt, welche Zeitform dort verwendet wurde. Notiert euer Ergebnis hier.

____

____

d Korrigiert auch diesen Satz und haltet euer Ergebnis hier fest.

____

____

7 Analysiert ein weiteres Mal den Feenfluch. Wenn nach hundert Jahren ein Prinz auftaucht, wird er eine merkwürdige Situation vorfinden. Überlegt genau, in welcher Zeitform die Fee erzählen muss, was der Prinz vorfindet, und notiert euren Text hier. Formuliert dazu den Fluch um. Beginnt mit:

Wenn nach hundert Jahren ein Prinz kommt, wird er Folgendes vorfinden:

Die Prinzessin ____________ sich an einem Rosenbusch ____________ ____________

____

____

____

____

____

____

____

Methode

Mit der Methode Runder Tisch arbeiten die Schüler nacheinander am gleichen Unterrichtsinhalt – in diesem Fall an einem Text –, sind aber auf Kommentare und Lösungen der anderen angewiesen, da mit diesen weitergearbeitet wird. Sie erfahren Rückmeldungen direkt aus ihrer Gruppe, können so auf individuelle Fehlerquellen aufmerksam gemacht werden und lernen voneinander. Dabei ist sowohl ein arbeitsgleiches Vorgehen innerhalb der Klasse möglich, bei dem die Gruppen leistungsheterogen eingeteilt sind, als auch ein arbeitsteiliges Vorgehen, bei dem die Gruppenmitglieder sich auf dem gleichen Lernniveau befinden, aber die Texte innerhalb der einzelnen Gruppen unterschiedliche Schwierigkeitsgrade aufweisen.

Hinweise/Tipps

Die vorliegende Unterrichtssequenz bietet Ihnen vier verschiedene Tagebucheinträge, die hinsichtlich der Länge und der Anzahl an vorkommenden Adverbien variieren und somit zur Differenzierung eingesetzt werden können. Wahlweise lässt sich auch derselbe Text mit der gesamten Klasse bearbeiten, sofern Sie lieber arbeitsgleich arbeiten möchten.
Teilen Sie die Klasse in Vierergruppen ein. Auch kleinere Gruppen sind möglich, wobei das Arbeitspensum der einzelnen Schüler dann entsprechend steigt.
Innerhalb einer Gruppe bearbeiten alle Schüler dieselbe Aufgabe, wobei diese stets so aufgebaut sind, dass immer zuerst die Lösung des vorherigen Lerners überprüft und, falls nötig, korrigiert werden muss, bevor man sich seiner eigenen Aufgabe widmet. Damit alle Gruppenmitglieder die Arbeitsaufträge gut lesen können, sollte die Materialseite 1 für jede Gruppe einmal auf Plakatgröße (DIN A3) kopiert werden.
Im Anschluss an die Einzelarbeitsphasen innerhalb der Gruppe werden Abweichungen des vorherigen Bearbeiters aufgegriffen und diskutiert, sodass sich erkennen lässt, welche Inhalte tatsächlich noch Probleme bereiten.
Aus Gründen didaktischer Reduktion werden hier nur die vier bekanntesten Adverbien thematisiert: Lokal-, Temporal-, Modal- und Kausaladverb.

Material

- Materialseite 1 in DIN-A2-Größe für jede Gruppe oder in DIN-A4-Größe in Klassenstärke
- Materialseiten 2, 3, 4 oder 5 für jeden Schüler einer Gruppe
- Stifte in vier verschiedenen Farben für jeden Schüler (blau, rot, grün, gelb)
- Tonsignal
- leere Extrablätter

1 Lies den Tagebucheintrag auf der Folgeseite aufmerksam durch. Unterstreiche danach beim erneuten Lesen alle Lokaladverbien / Adverbien des Ortes blau.

2 Reiche das Blatt an deinen rechten Nachbarn weiter.

3 Betrachte die blau unterstrichenen Wörter im Text. Entscheide, ob es sich dabei tatsächlich um Lokaladverbien / Adverbien des Ortes handelt oder nicht. Wenn du dir unsicher bist oder eines der angestrichenen Wörter nicht für ein Adverb hältst, notiere am Textrand ein Fragezeichen neben der entsprechenden Zeile.

4 Gehe den Text erneut durch und unterstreiche nun mit einem Rotstift alle Temporaladverbien / Adverbien der Zeit.

5 Reiche das Blatt an deinen rechten Nachbarn weiter.

6 Betrachte die rot unterstrichenen Wörter im Text. Entscheide, ob es sich dabei tatsächlich um Temporaladverbien / Adverbien der Zeit handelt oder nicht. Wenn du dir unsicher bist oder eines der angestrichenen Wörter nicht für ein Adverb hältst, notiere am Textrand ein Fragezeichen neben der entsprechenden Zeile.

7 Gehe den Text erneut durch und unterstreiche nun mit einem grünen Stift alle Kausaladverbien / Adverbien des Grundes.

8 Reiche das Blatt an deinen rechten Nachbarn weiter.

9 Betrachte die grün unterstrichenen Wörter im Text. Entscheide, ob es sich dabei tatsächlich um Kausaladverbien / Adverbien des Grundes handelt oder nicht. Wenn du dir unsicher bist oder eines der angestrichenen Wörter nicht für ein Adverb hältst, notiere am Textrand ein Fragezeichen neben der entsprechenden Zeile.

10 Gehe den Text erneut durch und unterstreiche nun mit einem gelben Stift alle Modaladverbien / Adverbien der Art und Weise.

11 Reiche das Blatt an deinen rechten Nachbarn weiter.

12 Betrachte die gelb unterstrichenen Wörter im Text. Entscheide, ob es sich dabei tatsächlich um Modaladverbien / Adverbien der Art und Weise handelt oder nicht. Wenn du dir unsicher bist oder eines der angestrichenen Wörter nicht für ein Adverb hältst, notiere am Textrand ein Fragezeichen neben der entsprechenden Zeile.

Liebes Tagebuch, hier auf unserer Klassenfahrt ist es echt toll. Wir sind an die Nordsee gefahren. Wir haben zuerst unsere Zelte aufgebaut, sind hier sofort an den Strand gerannt und haben dort zusammen alles Mögliche gespielt. Mit unserer Klassenlehrerin haben wir später eine Wattwanderung unternommen. Sie wollte in Erfahrung bringen, ob sich noch vereinzelt gestrandete Tiere am Ufer finden lassen. Wir haben uns deswegen sofort auf Spurensuche begeben. Als wir überall geschaut und nirgends Spuren gefunden hatten, waren wir infolgedessen sehr enttäuscht. Allerdings haben wir noch ein paar Muscheln gesammelt. Abends haben wir ein paar Würstchen am Lagerfeuer gegrillt. Später haben wir noch ein paar Lieder mit unserer Lehrerin gesungen. Dadurch sind wir sehr müde geworden und sind bald alle völlig erschlagen ins Bett gefallen. Ich hoffe, dass auch die nächsten Tage so schön werden. Deine Sarah	

13 Legt eure Texte nebeneinander in die Tischmitte. Prüft, ob an manchen Stellen Fragezeichen ergänzt wurden, um Fehler oder Unsicherheiten aufzuzeigen. Klärt, ob die so markierten Adverbien tatsächlich welche sind, und wie es zu der Unsicherheit gekommen ist.

14 Tragt nun die Adverbien, die ihr nach gemeinsamer Beratung im Text gefunden habt, in die Tabelle ein. Die Zahl in Klammern gibt euch an, wie viele Adverbien jeweils im Text vorhanden sein müssen.

Lokaladverbien (5)	Temporaladverbien (7)	Modaladverbien (6)	Kausaladverbien (3)

Liebes Tagebuch,

hier auf unserer Klassenfahrt ist es echt toll. Wir sind heute auf einen Bauernhof gefahren. Kaum angekommen, haben wir hier zuerst gefrühstückt, um einigermaßen gestärkt zu sein. Danach sind wir sehr gespannt nebenan in den Stall gegangen. Dort befanden sich ganz süße Kälbchen. Der Bauer war gerade beim Füttern. Deswegen durften wir ihm helfen. Eines der Kälbchen hat sich sogar streicheln lassen. Nach dem Füttern wollte unser Lehrer mit uns eine Wanderung machen. Somit sind wir zurück in unsere Zimmer gegangen und haben uns Jacken geholt, da es etwas anfing zu regnen. Allerdings wurde der Regen stärker, folglich begaben wir uns auf den Heimweg. Der intensive Niederschlag hatte uns ziemlich durchnässt. Nachmittags kamen wir an einer Weide vorbei. Sofort erkannten wir unsere Kälbchen. Wir streichelten sie noch kurz, doch wegen des Regens begaben wir uns schnell auf den Heimweg. Bald kamen wir wieder auf dem Bauernhof an. Es war ein schöner Tag – auf dem Bauernhof ist es nie langweilig! Hoffentlich wird morgen das Wetter besser!

Dein David

13 Legt eure Texte nebeneinander in die Tischmitte. Prüft, ob an manchen Stellen Fragezeichen ergänzt wurden, um Fehler oder Unsicherheiten aufzuzeigen. Klärt, ob die so markierten Adverbien tatsächlich welche sind, und wie es zu der Unsicherheit gekommen ist.

14 Tragt nun die Adverbien, die ihr nach gemeinsamer Beratung im Text gefunden habt, in die Tabelle ein. Die Zahl in Klammern gibt euch an, wie viele Adverbien jeweils im Text vorhanden sein müssen.

Lokaladverbien (5)	**Temporaladverbien (10)**	**Modaladverbien (10)**	**Kausaladverbien (4)**

Liebes Tagebuch, hier auf unserer Klassenfahrt ist es echt toll. Wir sind auf eine mittelalterliche Burg gefahren. Morgens – als wir hier ankamen – sind wir sofort in die Folterkammer gegangen. Dort gab es eine Menge zu sehen: Überall standen große und kleine Schwerter, Speere aus schwerem Metall und dort unten war sogar eine Folterbank zu sehen. Danach wollte unsere Lehrerin einen Rundgang durch die Burg machen. Deswegen sind wir in den großen Saal gegangen. Sofort ging es los. Als wir an einer Schatztruhe vorbeigingen, entdeckte ich oben auf dem Deckel etwas Glänzendes. Jetzt war meine Neugierde nicht zu bremsen. Deshalb kniete ich mich vor die Truhe und sah mir den Deckel ringsum an. Leider war dies nichts Besonderes, ich hatte mich getäuscht – folglich wollte ich mit meiner Klasse den Rundgang fortsetzen. Doch meine Mitschüler oder die Lehrerin waren nirgends zu sehen. Irgendwie waren sie verschwunden. Sofort machte ich mich auf die Suche nach ihnen und fand sie bald darauf im Schlossturm. Somit stieß ich einen erleichterten Seufzer aus. Abends verkleideten wir uns noch als Gespenster und erschreckten die Mädchen in ihren Zimmern. Allerdings schrien sie so laut, dass dadurch unsere Lehrerin geweckt wurde und uns rügte. Kirsten war besonders verängstigt. Postwendend mussten wir ins Bett gehen. Dennoch fanden wir es lustig und schliefen kichernd ein. Dein Samuel	

13 Legt eure Texte nebeneinander in die Tischmitte. Prüft, ob an manchen Stellen Fragezeichen ergänzt wurden, um Fehler oder Unsicherheiten aufzuzeigen. Klärt, ob die so markierten Adverbien tatsächlich welche sind, und wie es zu der Unsicherheit gekommen ist.

14 Erstellt auf einem Extrablatt eine vierspaltige Tabelle nach folgendem Muster und tragt dort die nach gemeinsamer Beratung im Text gefundenen Adverbien ein. Die Zahl in Klammern gibt euch an, wie viele Adverbien jeweils im Text vorhanden sein müssen.

Lokaladverbien (9)	Temporaladverbien (9)	Modaladverbien (8)	Kausaladverbien (6)

Liebes Tagebuch,

hier auf unserer Klassenfahrt ist es echt toll. Wir sind in einen Freizeitpark gefahren. Als wir da ankamen, haben wir zuerst auf dem nebenan liegenden Campingplatz unsere Zelte aufgebaut. Danach ging es sofort in den Freizeitpark. Dort haben wir nicht schlecht gestaunt, welche tollen Fahrmöglichkeiten es hier überall gibt. Gleich stürzten wir uns ins Vergnügen. Die Achterbahn gefiel uns besonders, sie fuhr ungefähr 30 Meter aufwärts und stürzte dann in die Tiefe. Das war ein echt tolles Gefühl. Rückwärts fuhr sie manchmal auch und folglich spürte ich ein lustiges Kribbeln in meinem Bauch.
Wir hatten so viel Spaß, dass wir natürlich deswegen die Zeit vergaßen. Dadurch kamen wir schließlich verspätet zum vereinbarten Treffpunkt mit unserem Lehrer. Er war äußerst sauer auf uns.
Danach gingen wir eine Kleinigkeit im Restaurant essen. Abends auf dem Campingplatz machten wir noch ein Lagerfeuer und grillten Stockbrot. Bald wurden wir jedoch von dem sehr anstrengenden Tag furchtbar müde. Folglich krochen wir gleich in unsere Zelte und schliefen sofort ein.
Es war ein schöner Tag – im Freizeitpark ist es überall spannend! Deswegen freue ich mich schon genauso auf morgen!

Deine Lea

13 Legt eure Texte nebeneinander in die Tischmitte. Prüft, ob an manchen Stellen Fragezeichen ergänzt wurden, um Fehler oder Unsicherheiten aufzuzeigen. Klärt, ob die so markierten Adverbien tatsächlich welche sind, und wie es zu der Unsicherheit gekommen ist.

14 Erstellt auf einem Extrablatt eine vierspaltige Tabelle nach folgendem Muster und tragt dort die nach gemeinsamer Beratung im Text gefundenen Adverbien ein. Die Zahl in Klammern gibt euch an, wie viele Adverbien jeweils im Text vorhanden sein müssen.

Lokaladverbien (9)	**Temporaladverbien (15)**	**Modaladverbien (11)**	**Kausaladverbien (5)**

Methode

Die Methode Brainwriting ermöglicht – ähnlich dem herkömmlichen Brainstorming – eine spontane Auseinandersetzung mit einem vorgegebenen Thema. Die Schüler müssen sich dabei nicht scheuen, ihre Eindrücke und Meinungen schriftlich festzuhalten. In der vorliegenden Unterrichtssequenz wird beispielsweise nur die Art der erforderlichen adverbialen Bestimmung vorgegeben, die inhaltliche Ausschmückung erfolgt aber individuell durch den Schüler. Da die Lernenden in kleinen Gruppen zusammenarbeiten, haben leistungsschwächere Schüler jederzeit die Möglichkeit, sich an leistungsstärkeren zu orientieren.

Hinweise/Tipps

Die Materialseite 1 ist noch nicht Teil des eigentlichen Brainwritings, sondern dient als Heranführung. Die Schüler sollten bereits mit den grammatikalischen Begriffen und den jeweiligen Fragewörtern zur Ermittlung adverbialer Bestimmungen vertraut sein. Trotzdem sollte die vorbereitende Übung eingesetzt werden, um wiederholend auf das Thema einzustimmen. Außerdem eröffnet sich somit auch Lernschwachen die Chance, im späteren Brainwriting auf die vorher ermittelten Satzglieder zurückzugreifen, falls ihnen unter Zeitdruck nichts anderes einfällt.
Für das Brainwriting wird die Klasse in Vierergruppen eingeteilt, die sich jeweils vor einem Gruppentisch mit einem bereits vorbereiteten Plakat positionieren. Angedacht sind acht Plakate, wobei sich jeweils zwei gleichen, aber an unterschiedlichen Stationen ausliegen. Bereiten Sie die Plakate vorab so vor, dass sie in acht gleichgroße Felder unterteilt sind und nummerieren Sie diese durch, sodass die Schüler problemlos erkennen können, in welches Feld sie zu welchem Satz etwas eintragen sollen. Geben Sie durch die Überschrift auf den Plakaten vor, welche adverbiale Bestimmung jeweils zu ergänzen ist (vgl. Materialseite 2).
Nun liest die Lehrkraft den ersten Satz vor (Materialseite 2, Aufgabe 1) und die Schüler notieren dazu eine adverbiale Bestimmung der Art, wie es auf dem jeweiligen Plakat vorgegeben ist.
Ein Tonsignal läutet den Wechsel zum nächsten Plakat ein und der Ablauf beginnt von Neuem.
Achtung: Die Materialseite 2 ist ausnahmsweise keine Kopiervorlage, sondern dient Ihnen als Leitfaden durch die Unterrichtseinheit. Die zweite Aufgabe lässt sich dabei wiederholt durchführen – bis zu achtmal.

Material

- Materialseite 1 in Klassenstärke
- Materialseite 2 für die Lehrerhand
- ein vorbereitetes Brainwriting-Plakat für jede Gruppe
- Stifte in vier verschiedenen Farben für jeden Schüler (blau, rot, grün, gelb)
- Tonsignal

Texte mit adverbialen Bestimmungen ausschmücken

1 Unterstreiche in den folgenden Sätzen die adverbialen Bestimmungen der Zeit in rot, die des Ortes in blau, die adverbialen Bestimmungen des Grundes grün und die der Art und Weise gelb.

a Am Nachmittag treffen wir uns am Marktplatz, weil wir zusammen einkaufen wollen.

b Er hat meistens gute Laune, wenn er aus dem Sportstudio kommt.

c Auf der Autobahn war gestern überraschenderweise wenig Verkehr.

d Seine neue Frisur gefällt mir gut, weil sie mich an Justin Timberlake erinnert.

e Wenn ich mir im Café eine heiße Schokolade bestelle, hat sie so ein kunstvolles Sahnehäubchen.

f Heimlich schlich sie ins Zimmer ihrer älteren Schwester, um sich den Laptop auszuborgen.

g Sie mussten im Keller unbedingt für Ordnung sorgen, bevor die Nachmieter zur Besichtigung kamen.

h Auf Rollschuhen schoss sie durch die Bahnhofshalle, um den Handtaschendieb zu stellen.

i Manchmal, wenn ich durstig bin, mixe ich mir einfach in der Küche verschiedene Obstsäfte zusammen und verdünne sie mit Mineralwasser.

j Da mir das Buch nicht sonderlich gefiel, brachte ich es schleunigst in die Bibliothek zurück.

k Wegen der Beschwerden der Nachbarn dürfen wir in Zukunft im Garten keine laute Musik mehr hören.

Arbeitsaufträge für das Brainwriting:

1 Betrachtet die adverbiale Bestimmung, die oben auf eurem Plakat angegeben ist. Notiert, nachdem ich einen Satz vorgelesen habe, die adverbialen Bestimmungen, die euch dazu einfallen, in dem dafür vorgesehenen Kästchen. Auf mein Signal hin wandert ihr eine Station weiter und wartet auf den nächsten Satz.

1. Hanna sitzt.
2. Jakob ging.
3. Sie aßen Lebkuchen.
4. Einen Sonnenschirm kauft Tristan.
5. Wir steigen auf das Fahrrad.
6. Lisa beschwert sich beim Kellner.
7. Nicolas wunderte sich über das Ergebnis der Klassenarbeit.
8. Dir war kalt.

Adverbiale Bestimmungen der Zeit	
1	2
3	4
5	6
7	8

2 **a** Geht mit eurem Deutschheft zurück an eure Ausgangsposition. Diesmal diktiere ich euch die Sätze. Notiert den Satz und eine adverbiale Bestimmung eurer Wahl, die auf dem Plakat vermerkt ist. Wandert dann zum nächsten Plakat und notiert die nächste adverbiale Bestimmung, bis ihr von jeder Art eine notiert habt.

b Erweitert nun den Ursprungssatz, indem ihr alle adverbialen Bestimmungen an geeigneter Stelle einfügt. Dabei dürfen auch Nonsenssätze entstehen.

Möglichkeiten zur Weiterarbeit:

- Die Sätze werden im Plenum vorgelesen, die Mitschüler identifizieren die Art der adverbialen Bestimmung.
- Die Gruppen tauschen die Hefte untereinander aus und bestimmen die Art der adverbialen Bestimmung.
- Die Plakate werden von den Stationen entfernt. Stattdessen liegen die Hefte aus, in denen sich die Mitschüler bei einem neuerlichen Brainwriting zu den konstruierten Sätzen äußern.

Methode

Mithilfe der Methode Lerntempoduett kann jeder Schüler in seinem individuellen Lerntempo arbeiten. Die Aufgaben werden dabei zunächst in Einzelarbeit gelöst, sodass die Lehrkraft Stärken und Schwächen individuell erkennen und gegebenenfalls unterstützend eingreifen kann. Die Weiterarbeit gemeinsam mit einem Partner ermöglicht im Anschluss an diese erste Phase eine zielgerichtete Kontrolle und Absprache, sodass aus den Lösungen des Partners gelernt werden kann.

Hinweise/Tipps

Die eine Hälfte der Klasse arbeitet zunächst mit den Materialseiten 1 und 2, die andere mit den Materialseiten 3 und 4. Die Materialseiten wurden so erstellt, dass sie sich zur Differenzierung eignen. Lassen Sie leistungsschwächere Schüler mit den Materialseiten 3 und 4 arbeiten, da die Aufgaben auf diesen Seiten etwas weniger Durchhaltevermögen erfordern.
Um den deshalb zu erwartenden unterschiedlichen Zeitbedarf auszugleichen, enthält die Materialseite 4 eine quantitative Differenzierung.
Nach Fertigstellung der Aufgaben begeben sich die Schüler zum vorgegebenen Treffpunkt, wo sie auf ihren Lernpartner treffen. Dort sollte auch die Materialseite 5 ausliegen, mit der die Zweierteams, ausgehend von ihren bisherigen Ergebnissen, weiterarbeiten. Dabei wird durch die gewählten Aufgabenformate zunächst eine unkomplizierte, gegenseitige Kontrolle ermöglicht. Die Schüler beschäftigen sich so u. a. intensiver mit ihren individuellen Fehlerschwerpunkten. Da jedes Team mit unterschiedlichen Ergebnissen die Arbeitsphase beendet, bietet es sich an, im Anschluss mit diesen Produkten (Aufgabe 7) weiterzuarbeiten, indem man sie innerhalb der Lerngruppe austauscht. Denkbar sind zum Beispiel ein Diktat, die Erweiterung der Sätze, die Sammlung von Nonsenssätzen, verschiedene spielerische Ansätze oder die Sortierung nach F-Lauten.
In die Unterrichtssequenz wurde bewusst die Wörterbucharbeit integriert. Nicht nur, um das Nachschlagen weiter zu automatisieren, sondern auch um das Problembewusstsein dafür zu stärken, dass das Nachschlagen erschwert wird, wenn man den Anfangsbuchstaben eines Wortes nicht kennt.

Material

- Materialseiten 1 bis 5 in halber Klassenstärke
- Wörterbücher
- leere Extrablätter

1 In dem folgenden Text stecken 17 F-Laut-Fehler, d. h. **f**, **v**, **pf** oder **ph** wurden in einigen Wörtern falsch verwendet. Finde die falsch geschriebenen Wörter, streiche sie durch und notiere die korrekte Schreibweise in der Spalte neben dem Text.

Vrühzeitiges Eingreifen durch die Feuerwehr verhinderte ferheerende Folgen

Am fergangenen Freitag ereignete sich ein unphorhersehbarer Vorfall in einer französischen Reifenvabrik im rheinland-pfälzischen Maxdorf. Auf dem Hof des oben genannten Werks bevand sich leicht brennbarer Abfall, der laut polizeilichen Ermittlungen von unbekannten Verdächtigen dort forsätzlich verstaut worden sein soll. Noch ist unklar, wodurch der Haufen Feuer fing. Pfermutlich verursachte ein einfacher Funkenpflug aus der Fabrikhalle das Unvermeidbare.

Erfreulicherweise verfügt das Gelände über eine werkseigene Feuerwehr, die fabelhaft reagierte. Befor das Feuer auf nahe gelagerte Reifen übergreifen und somit zur größeren Gefahr werden konnte, griffen die Helfer ein.

„Vom Fenster meines Büros aus wirkten die Flammen furchteinphlößend“, berichtete Herr Pennrich später der Zeitung, „aus dieser Perspektive hatte man das Gefühl, dass die Bekämpfung keinen Erfolg mehr fersprach.“

Sofort bepfahl er seiner Mannschaft den Zugriff, so konnte durch die hervorragende, forbildliche Reaktion Schlimmeres verhindert werden. Unverhofft befand sich zur gleichen Zeit ein Einsatzfahrzeug der Freiwilligen Feuerwehr in der Nähe, das ebenfalls zum Einsatz kam.

In dem Gewühl, das auf dem Werkshof entstand, vielen jedoch trotzdem zwei Männer auf, die vermutlich nicht zur Belegschaft gehörten. Dank der fabelhaften Auffassungsgabe eines Vorarbeiters konnten verschiedene Pfantombilder erstellt werden, die zur Ergreifung der Fremden nützlich sein könnten.

Es entstehe auch keine Gefahr für die Bevölkerung, da die Ferdächtigen unbewaffnet seien.

2 Wähle zehn deiner korrigierten Wörter aus und bilde zu jedem jeweils zwei Wörter aus der entsprechenden Wortfamilie.

Beispiel: Vertrauen → vertraulich, vertrauenswürdig

3 Folgende Vorsilben werden immer mit **v** geschrieben: **ver-**, **vor-**, **voll-**.

Finde in dem folgenden Suchrätsel alle 13 Wörter mit diesen Vorsilben und notiere sie auf einem Extrablatt in alphabetischer Reihenfolge.

Tipp: Arbeite zuerst mit Bleistift. Sortiere die Begriffe erst, wenn du alle gefunden hast.

S	N	H	T	R	E	F	F	E	R	T	L	L	O	V	Y
N	E	G	I	D	N	Ä	T	S	L	L	O	V	R	E	V
B	G	V	E	V	O	L	L	J	Ä	H	R	I	G	X	O
S	R	J	K	G	N	U	R	H	Ü	F	R	O	V	P	R
B	O	A	H	F	Y	V	N	E	B	E	G	R	E	V	S
R	S	O	C	S	I	E	U	N	F	S	F	S	N	K	I
P	R	M	I	P	I	R	P	F	H	S	I	Z	O	P	C
V	O	L	L	V	E	R	S	A	M	M	L	U	N	G	H
Z	V	J	S	P	B	A	X	R	P	L	T	I	M	V	T
Y	I	A	S	H	N	T	B	F	C	H	H	F	H	G	S
W	T	I	E	H	N	E	M	M	O	K	L	L	O	V	H
Y	V	X	G	S	Q	N	K	F	O	R	O	E	V	U	A
R	V	G	R	O	M	E	A	F	Y	W	C	Q	W	N	L
V	Q	V	E	R	S	T	A	N	D	N	Y	T	M	R	B
Y	Q	N	V	O	R	B	E	R	E	I	T	U	N	G	E
Q	A	W	M	Y	T	B	M	U	W	R	Q	J	G	L	R

4 Gehe zum Treffpunkt, wenn du mit den Aufgaben fertig bist.

1 In dem folgenden Text wurden 17 F-Laute, also **f**, **v**, **pf** oder **ph**, weggelassen. Entscheide dich jeweils für die richtige Schreibweise und notiere das korrekt geschrieben Wort in der Spalte neben dem Text.

_rühzeitiges Eingreifen durch die Feuerwehr verhinderte _erheerende Folgen

Am _ergangenen Freitag ereignete sich ein un_orhersehbarer Vorfall in einer französischen Reifen_abrik im rheinland-pfälzischen Maxdorf. Auf dem Hof des oben genannten Werks be_and sich leicht brennbarer Abfall, der laut polizeilichen Ermittlungen von unbekannten Verdächtigen dort _orsätzlich verstaut worden sein soll. Noch ist unklar, wodurch der Haufen Feuer fing. _ermutlich verursachte ein einfacher Funken_lug aus der Fabrikhalle das Unvermeidbare.

Erfreulicherweise verfügt das Gelände über eine werkseigene Feuerwehr, die fabelhaft reagierte. Be_or das Feuer auf nahe gelagerte Reifen übergreifen und somit zur größeren Gefahr werden konnte, griffen die Helfer ein.

„Vom Fenster meines Büros aus wirkten die Flammen furchtein_lößend“, berichtete Herr Pennrich später der Zeitung, „aus dieser Perspektive hatte man das Gefühl, dass die Bekämpfung keinen Erfolg mehr _ersprach.“

Sofort be_ahl er seiner Mannschaft den Zugriff, so konnte durch die hervorragende, _orbildliche Reaktion Schlimmeres verhindert werden. Unverhofft befand sich zur gleichen Zeit ein Einsatzfahrzeug der Freiwilligen Feuerwehr in der Nähe, das ebenfalls zum Einsatz kam.

In dem Gewühl, das auf dem Werkshof entstand, _ielen jedoch trotzdem zwei Männer auf, die vermutlich nicht zur Belegschaft gehörten. Dank der fabelhaften Auffassungsgabe eines Vorarbeiters konnten verschiedene _antombilder erstellt werden, die zur Ergreifung der Fremden nützlich sein könnten.

Es entstehe auch keine Gefahr für die Bevölkerung, da die _erdächtigen unbewaffnet seien.

2 Wähle zehn deiner korrigierten Wörter aus und bilde zu jedem jeweils zwei Wörter aus der entsprechenden Wortfamilie.

Beispiel: Vertrauen → vertraulich, vertrauenswürdig

3 Folgende Vorsilben werden immer mit **v** geschrieben: **ver**-, **vor**-, voll-.

In den folgenden Schüttelwörtern sind die Silben der einzelnen Wörter durcheinandergeraten. Sortiere die Silben, sodass sinnvolle Wörter entstehen.

Ordne die Wörter dann alphabetisch und notiere sie der Reihe nach auf einem Extrablatt.

Tipp: Arbeite zuerst mit Bleistift. Ordne die Begriffe erst dann alphabetisch, wenn du alle gefunden hast. Achte auch auf die Groß- und Kleinschreibung.

stand-ver, rig-voll-jäh, hal-sichts-ber-vor, ver-lich-gess-keit, kom-voll-heit-men, en-ver-rat, vor-rei-be-tung, sor-vor-gen, voll-di-ver-gen-stän, tref-voll-fer, ge-ver-ben, rung-füh-vor, ver-lung-samm-voll

4 Sieh nach, ob sich bereits ein möglicher Lernpartner am Treffpunkt befindet. Falls nicht, finde weitere Wörter mit den Vorsilben aus Aufgabe 3 und zerlege sie in Silben, bis ein Lernpartner an den Treffpunkt kommt. Verwende dazu ein Wörterbuch.

5 Vergleicht eure Ergebnisse aus Aufgabe 1. Ihr müsstet dieselben Wörter korrigiert haben.

Falls ihr unterschiedliche Ergebnisse habt, sucht im Wörterbuch nach der korrekten Schreibweise. Bildet aus den Wörtern jeweils einen neuen Satz und notiert diesen auf einem Extrablatt.

Wenn ihr diese Aufgabe etwas schwieriger gestalten wollt, versucht jeweils drei Wörter in einem sinnvollen Satz zu verwenden.

6 Vergleicht eure alphabetische Liste aus Aufgabe 3. Falls ihr nicht dieselben Wörter in eurer Liste habt, sucht gemeinsam nach dem Fehler und korrigiert ihn.

7 **a** Bildet gemeinsam fünf Nonsenssätze, in denen nur Wörter vorkommen, die mit einem F-Laut beginnen.

Beispiel: Viele Fliegen versuchen vergeblich Frühaufsteher phänomenal fortzubewegen.

____

____

____

____

____

____

____

____

____

____

b Prägt euch die Sätze genau ein und diktiert sie euch danach gegenseitig.

c Kontrolliert und korrigiert diese Sätze.

Wenn keine Lösungen angegeben wurden, handelt es sich um offene, individuelle Lösungen.

Seite 6 ff.:
Interview mit Jakob:

1 b

Der zwölfjährige Jakob genießt einerseits, dass er alles darf und zuhause nie Probleme bekommt, andererseits wünscht er sich manchmal klare Regeln.

1 c

Er argumentiert damit, dass alles sehr entspannt sei, weil er wisse, dass er alles dürfe. Seiner Meinung nach sind seine Eltern der Ansicht, dass er selbst wissen müsse, was ihm guttue und was nicht. In seiner letzten Aussage äußert er jedoch, dass es umgekehrt auch entspannend wäre, wenn man ihm sagen würde, was richtig und was falsch sei, weil er dann nicht darüber nachzudenken bräuchte.

Interview mit Lena:

1 b

Die zwölfjährige Lena ist mit Klapse auf den Po großgeworden. Bei ihr zu Hause gibt es klare Regeln, die sie manchmal zu streng findet. Aber sie genießt, dass sie mit ihren Eltern über alles reden kann.

1 c

Sie sagt, dass es manchmal schwierig für sie sei, weil ihre Freundinnen mehr dürften als sie. Aber aufgrund der klaren Regeln, dir ihr meistens auch einleuchten, müsse sie nie Angst vor ihren Eltern haben.

Interview mit Jakobs Mutter:

1 b

Jakobs Mutter wurde selbst auch nie von ihren Eltern geschlagen und ist der Ansicht, dass man nur lernt, selbstständig zu sein, wenn man seine Entscheidungen eigenverantwortlich trifft.

1 c

Sie argumentiert damit, dass jeder selbst lernen müsse, für seine Entscheidungen die Konsequenzen zu tragen, weil man nur so Selbstständigkeit lernen könne. Man müsse selbst den Sinn seines Handelns erkennen. Ihr Kind solle glücklich sein und brauche nie Angst zu haben.

Interview mit Lenas Vater:

1 b

Klare Regeln sorgen dafür, dass Probleme vermieden werden. Schließlich kann man als Erwachsener besser einschätzen, was richtig und was falsch ist. Lena, seine Tochter, muss allerdings selbst Vorschläge zur Wiedergutmachung anbringen, wenn es zu Problemen gekommen ist.

1 c

Lenas Vater argumentiert mit der Erfahrung, die Erwachsene hätten, aber Kinder noch nicht. Deshalb müssten die Erwachsenen Regeln aufstellen. Wenn es trotzdem zu Problemen komme, hätten Kinder selbst die Verantwortung zu übernehmen, damit sie lernen würden, mit den Konsequenzen umzugehen.

Seite 28:

2 a

Und plötzlich ein Blitzen das Dunkel erhellt,
als wenn die Sonne vom Himmel fällt.
Gefolgt von dem Donner so dröhnend und nah,
man könnte meinen, das Ende sei da.

2 b – d

Mögliche Lösung:
Pronomen, die den Jungen meinen
Pronomen, die Mazu meinen

Die Eltern sind aus, es ist Viertel nach acht. Er hat sich den Fernseher angemacht, doch alles was läuft, interessiert ihn nicht. Ein andrer Gedanke ihn eher besticht:	1. Ein Junge sitzt gelangweilt vor dem Fernsehprogramm.
Die Schwester, sie prahlt doch so oft und so laut, hat sie doch schon jeden Horror geschaut. Er schleicht sich nach oben, geht an ihr Regal, auch wenn sie es merkt, es ist ihm egal.	2. Er beschließt, sich heimlich einen Horrorfilm der Schwester zu nehmen.
Die Kinderbücher schiebt er einfach weg, er kennt doch ihr altes Geheimversteck. Und siehe da, was findet er hier, den blutigsten Kampf von Mazu, dem Vampir.	3. Er findet in ihrem Regal einen Vampirfilm.
Und plötzlich ein Blitzen das Dunkel erhellt, als wenn die Sonne vom Himmel fällt. Gefolgt von dem Donner so dröhnend und nah, man könnte meinen, das Ende sei da.	(Refrain)
Er schnappt sich den Film, stürmt ins Erdgeschoss. Der Vorspann verschwindet, die Jagd sie geht los. Mazu von den Toten ist aufgewacht, er wurde von Werwölfen umgebracht.	4. Er beginnt, den Vampirfilm anzuschauen.
Nun schwört er all denen, die Schuld sind daran, dass er ihnen zeigt, was er alles kann. Die Spannung, sie steigt, es gibt Gänsehaut, das Übel sich langsam zusammenbraut.	5. Mazu, der Vampir, schwört Rache an seinen Mördern.
Und plötzlich ein Blitzen das Dunkel erhellt, als wenn die Sonne vom Himmel fällt. Gefolgt von dem Donner so dröhnend und nah, man könnte meinen, das Ende sei da.	(Refrain)
Er auf der Couch sich zusammenrollt. Ganz so viel Angst hatte er nicht gewollt. Er hofft, das Gewitter wird bald noch vergehen, so kann er den Film noch zu Ende sehen.	6. Ein Gewitter ängstigt den Jungen.
Mazu schleicht am Abend blutgierig durchs Land, aus dem man ihn hat vor Jahren verbannt. Er kommt an ein Haus, klopft wütend ans Tor. Den Leuten dort steht gleich Schlimmes bevor.	7. Mazu sucht nach Opfern und klopft an verschiedene Türen.
Und plötzlich ein Klopfen durchs Wohnzimmer hallt. Seine Haut, sie wird blass, ihm wird schlagartig kalt. Es ist nur ein Film, so was kann doch nicht sein. Jemand pocht an die Tür und will dringend herein.	8. An der Haustür klopft es, der Junge erschreckt sich furchtbar.
Er zieht sich die Decke bis tief ins Gesicht. „Bitte, Mazu, bitte hole mich nicht!“ Das Pochen wird lauter und da, jemand schreit! Er ist nun ganz sicher dem Tode geweiht.	9. Der Junge winselt vor Angst.
Ein Jammern aus seiner Kehle ertönt, in seinen Ohren das Hämmern laut dröhnt. Die Tür, sie fliegt auf, und es steht vor dem Haus seine Schwester, und sieht gar nicht glücklich aus.	10. Vor der Tür steht seine Schwester.

2 e

Mögliche Lösung:

5	Rache ist süß!	1	Oh Mann, es läuft immer nur dasselbe.
8	Was? So was gibt es doch gar nicht wirklich!	4	Es geht los! Nun mach schon, mach schon!
2	Was soll sie schon machen? Sie wird sich aufregen, wie immer.	6	Jetzt wird es aber langsam unheimlich.
9	Er ist gekommen, um mich zu holen!	3	Na, wer sagt's denn?

2 f

Mögliche Lösung:
In der Ballade geht es um einen Jungen, der alleine zu Hause ist, und beschließt, sich heimlich bei seiner Schwester einen Horrorfilm auszuleihen. Der Film gruselt ihn sehr, zumal es draußen donnert und blitzt. Gerade als Mazu, der Vampir, an fremde Häuser klopft, klopft es auch an der Haustür des Jungen. Seine Angst steigert sich ins Unermessliche. Es stellt sich aber heraus, dass es nur die Schwester ist, die nach Hause kommt.

Seite 31:

2

Und plötzlich ein Blitzen das Dunkel erhellt,
als wenn die Sonne vom Himmel fällt.
Gefolgt von dem Donner so dröhnend und nah,
man könnte meinen, das Ende sei da.

2 b + c

Mögliche Lösung:
1. Ein Mädchen ist später auf dem Heimweg als ausgemacht war.
2. Sie fühlt sich blendend, weil sie ihren ersten Kuss bekommen hat.
3. Sie überlegt, wie sie ihrem nervigen Bruder zu Hause aus dem Weg gehen kann.

(Refrain)

4. Plötzlich setzt Regen ein.
5. Das Gewitter trübt ihre Stimmung.

(Refrain)

6. Das Mädchen ist vollkommen durchnässt.
7. Sie rennt zur Haustür, aber es öffnet niemand.
8. Sie kann ihren Schlüssel nicht finden.
9. Sie findet den Schlüssel und ist entsetzt von dem, was sie drinnen vorfindet.
10. Sie tröstet ihren verängstigten Bruder.

2 d

5	Das verdirbt mir jetzt den ganzen Abend!	1	Was soll's? Das war es wert.
8	Irgendwo muss er doch sein!	4	Wo kommt das denn jetzt plötzlich her?
2	So etwas Schönes habe ich noch nie erlebt.	6	Mist, ich bin total durchnässt!
9	Na endlich!	3	Ich tu einfach so, als wäre er nicht da.

2 e

Mögliche Lösung:
Die Ballade handelt von einem Mädchen, das ihren ersten Kuss erlebt hat, und nun fröhlich auf dem Heimweg ist, als plötzlich ein Gewitter beginnt. Es stürmt vollkommen durchnässt nach Hause, steht dort es aber vor der verschlossenen Tür, weil es ihren Schlüssel zuerst nicht finden kann. Als es ihn endlich hat, findet es drinnen ihren verängstigten Bruder vor und tröstet ihn, obwohl es vorher vom Gedanken an ihn schon genervt gewesen ist.

Seite 35:

1

Mögliche Lösung:
1. Eine Frau, deren Mann im Krieg gestorben ist, ist auf dem Weg zu ihrer Schwiegermutter.
2. Sie fühlt sich sehr einsam, hat nur noch ihr Kind.
3. Die Kutsche bremst stark ab.
4. Vor der Kutsche steht ein bewaffneter bärtiger Mann.
5. Die Frau steigt aus, sie hat sich mit ihrem Tod abgefunden.
6. Der Bärtige stellt sich als ihr verschollener Mann heraus.

2 **a**

Mögliche Lösung:
- … vom Schicksal ist sie in die Enge getrieben.
- … für sie gibt es nichts außer Trauer und Leid.
- Es ist das Letzte, was noch für sie zählt.
- Sie fühlt sich erleichtert, sie kann nichts dafür.
- … in ihr sich kein winziger Funke mehr regt.
- … und drin sitzt ein glückliches Paar und sein Kind.

2 **b**

Mögliche Lösung:
Nachdem sie glaubt, ihren Mann im Krieg verloren zu haben, fühlt sich die Frau einsam und verzweifelt. Alles, was ihr geblieben ist, ist ihr Kind, ansonsten empfindet sie keine Freude mehr. Als die Kutsche auf dem Weg zu ihrer Schwiegermutter gestoppt wird, und die Frau den vermeintlichen Verbrecher sieht, fühlt sie sich erst erleichtert oder innerlich leer. Nachdem er ihr aber eröffnet, wer er wirklich ist, setzen sie ihre Fahrt gemeinsam und glücklich fort.

Seite 38:

1

Mögliche Lösung:
1. Ein Mann erwartet sehnsüchtig das Eintreffen einer Kutsche, die er gewaltsam anhalten möchte.
2. Die Kutsche nähert sich, er zieht seinen Revolver.
3. Er springt vor die Kutsche, zwingt sie zum Anhalten.
4. Eine Frau öffnet die Kutschentür und steigt aus.
5. Er gibt sich ihr zu erkennen.
6. Gemeinsam fahren sie weiter.

Seite 43:

Fehler im Bericht „Verkehrsunfall mit Fahrerflucht“:
- „so gegen Abend“ zu unsachlich, präzise Zeitangabe erforderlich
- Zeitformfehler: häufig Präsens verwendet
- wörtliche Rede eher untypisch im Bericht; Aussagen außerdem unsachlich und unwichtig
- sehr erzählend geschrieben, weniger berichtend
- umgangssprachliche Formulierungen, z. B. „daheim“
- unsachliche Eindrücke und Gefühle der Personen
- unwichtige Details, z. B. wen der Fahrer anrufen wollte
- ausschmückende Adjektive, z. B. ungerührt
- Rechtschreibfehler, z. B. Café statt Kaffee
- Grammatikfehler, z. B. „zum dem Verletzten“
- Inhaltsfehler: Wie können Details über den Fahrer, z. B. sein Alter, bekannt sein, wenn er nach wie vor flüchtig ist?

Seite 44:

Fehler im Bericht „Mein Tag in der Gärtnerei Müller“:
- genaues Datum fehlt
- Zeitformfehler: häufig Präsens verwendet
- unpassende Gefühlsäußerungen, z. B. „Das war ziemlich ätzend“

- unpassende Eindrücke und Meinungswiedergabe, z. B. „sah total blöde an mir aus“
- wörtliche Rede eher untypisch im Bericht, Aussagen außerdem unsachlich und unwichtig
- Zeichensetzungsfehler, z. B. fehlendes Komma in Zeile 18 nach der wörtlichen Rede
- unsachliche und wertende Formulierungen, z. B. „immerhin kaufte sie …“
- falsche Bildung der indirekten Rede; kein Konjunktiv in Zeile 24
- Verwendung von Modalverben, die eine Wertung beinhalten, z. B. „Ich musste zuerst …“
- unwichtige Details, z. B. die Blume, die auf den Fuß fällt
- falsche grammatikalische Bezüge, z. B. „dass es ein richtig großen blauer Fleck gibt“
- Beurteilung am Ende eines Tagesberichts möglich, aber nicht zwingend
- sprachliches Niveau insgesamt sehr einfach

Seite 45:

Fehler im Bericht „Studie zur Zufriedenheit Jugendlicher“:
- Zeitformfehler: häufig Präsens verwendet
- unsachliche Formulierungen, z. B. „ganz schön verändert“ oder „unglaublicherweise“
- rhetorische Frage, z. B. in Zeile 11 f.
- Umgangssprache, z. B. „so Sachen“, „zu denen“
- Meinungsäußerung, z. B. „was auf jeden Fall ein Fortschritt ist“, „und mal ehrlich“
- persönliche Erlebnisse des Autors „Gestern habe ich …“
- Wertungen, z. B. „blöde Kommentare“, „und das Geschreie war groß“
- unpassende wörtliche Rede
- unpräzise Zeitangabe, z. B. „ungefähr 2001 oder so“
- Rechtschreibfehler, z. B. „krieg“ statt „Krieg“
- falsche grammatikalische Bezüge, „Sie“ beispielsweise bezieht sich fälschlicherweise auf die Forscher (Zeile 33), oder „die sind nicht nur zufriedener …“ (Zeile 37 f.)
- Inhaltsfehler: Skandinavien ist kein Land.
- ein inhaltlich wichtiges Detail erst ganz am Ende genannt

Seite 46:

Fehler im Bericht „Aus Wildunfall wird Massenkarambolage auf der A5“:
- fehlendes Datum
- Zeitformfehler: häufig Präsens verwendet
- Schilderung persönlicher Eindrücke, z. B. in Zeile 6 f.
- Gedanken der Personen werden benannt
- Meinungsäußerung, z. B. „der äußerst betagte Fahrer“
- Zeichensetzungsfehler, z. B. fehlendes Komma in Zeile 22
- überflüssige und unsachliche wörtliche Rede
- unwichtige Details, z. B. das Grasen des Rehs
- Inhaltsfehler: Wie können Details über die Fahrerin, z. B. ihr Alter, bekannt sein, wenn man sie noch gar nicht gefunden hat?

Seite 48:

2

Mögliche Lösung zu „Verkehrsunfall mit Fahrerflucht“:

a ein 38 Jahre alter BMW-Fahrer aus Frankfurt und ein 20-jähriger Fußgänger aus Offenbach, Jakob S.

b Kreuzung Schiller- und Lessingstraße in Frankfurt

c 14.08.2014, gegen Abend

d Ein Mann missachtet bei einer Ampelkreuzung einen Fußgänger und fährt ihn an. Dabei wird er von zwei Passantinnen beobachtet. Der Fahrer begeht Fahrerflucht, der Fußgänger wird mit Gehirnerschütterung und Prellungen in ein Krankenhaus eingeliefert

Mögliche Lösung zu „Mein Tag in der Gärtnerei Müller“:

a ein Mädchen, das ein Praktikum in einer Gärtnerei absolviert

b in einer Gärtnerei „Müller“

c ein Wochentag im August

d Es wird der Tagesablauf in einer Gärtnerei beschrieben. Ein Mädchen baut die Außenware auf, führt ein Kundengespräch, topft Primeln um und hilft danach in der Baumschule, Bestellungen zusammenzustellen. Nach der Mittagspause fährt sie mit zu einem Kunden, wo die Bestellung abgeliefert und auch direkt eingepflanzt wird.

Mögliche Lösung zu „Studie zur Zufriedenheit Jugendlicher“:

a Jugendliche, hauptsächlich in Deutschland, aber auch in anderen Industrieländern

b in Industrieländern

c aktuell, Studie wird jährlich durchgeführt

d Die Studie belegt, dass Deutschland auf Platz 6 eines Zufriedenheitsrankings liegt. Untersucht wurden Aspekte wie Bildung, Gesundheit und in einer direkten Befragung die Zufriedenheit von Jugendlichen mit ihrer allgemeinen Lebenssituation.

Mögliche Lösung zu „Aus Wildunfall wird Massenkarambolage auf der A5“:

a eine 54-jährige Autofahrerin aus Karlsruhe, ein 70-jähriger Bensheimer und vier weitere involvierte Fahrer

b auf der A5 zwischen Heidelberg und Schriesheim

c am Montag um 19 Uhr

d Wegen eines Rehs bremst eine 54-jährige Fahrerin scharf. Die nachfolgenden Fahrzeuge kollidieren miteinander, während das erste Fahrzeug unbehelligt weiterfährt. Ein Beifahrer wird verletzt. Die Polizei sperrt die Straße ab, um ihn zu versorgen und um sich um den Auffahrunfall zu kümmern. Ein Sachschaden von 40 000 Euro ist entstanden.

3

Mögliche Lösung zu „Verkehrsunfall mit Fahrerflucht“:
Einleitung: Unfall in Frankfurt, Kreuzung Schiller- und Lessingstraße; am 14.08.2014 gegen 19 Uhr; zwei Passantinnen beobachteten den Unfall und die Fahrerflucht
Hauptteil: BMW steht an der Ampel; Fahrer übersieht einen Fußgänger und fährt ihn an; entfernt sich vom Unfallort; wird dabei von zwei Passantinnen beobachtet
Schluss: Unfallopfer liegt mit Gehirnerschütterung und Prellungen im Krankenhaus; Suche nach dem BMW-Fahrer

Mögliche Lösung zu „Mein Tag in der Gärtnerei Müller“:
Einleitung: Tagesbeginn mit Datum und Uhrzeit; Nennung der Gärtnerei Müller
Hauptteil: Benennung der einzelnen Tätigkeiten: Aufbau der Außenware, Kundengespräch, Primeln umtopfen, Zusammenstellung der Bestellung in der Baumschule, Auslieferung der Bestellung
Schluss: Tagesabschluss; evtl. kurzes Fazit des Tages

Mögliche Lösung zu „Studie zur Zufriedenheit Jugendlicher“:
Einleitung: Nennung der Studie und der jährlichen Durchführung; Durchführungsweise und teilnehmende Länder; Platzbelegung Deutschlands
Hauptteil: Genauere Erläuterung der Ergebnisse; Beleuchtung einzelner Aspekte: Gesundheit, Beruf, allgemeine Zufriedenheit
Schluss: Ausblick oder Veränderungsmöglichkeiten, um die Zufriedenheit zu steigern; evtl. Platzbelegung anderer Länder

Mögliche Lösung zu „Aus Wildunfall wird Massenkarambolage auf der A5“:
Einleitung: Unfall auf der A5 wegen eines plötzlich auftauchenden Rehs; 54-jährige Fahrerin und vier weitere Fahrzeuge; zwischen Heidelberg und Schriesheim; Montag gegen 19 Uhr; evtl. Sachschaden von 40 000 Euro
Hauptteil: Auftauchen des Rehs auf der Autobahn; Autofahrerin kann nicht mehr ausweichen, bremst, schafft es dann aber weiterzufahren; vier nachfolgende Fahrzeuge fahren ineinander; ein Beifahrer wird verletzt
Schluss: Benennung des Sachschadens; Suche nach der Autofahrerin im ersten Fahrzeug

Seite 56:

1

Mögliche Lösung:
In den Ferien besuche ich Verwandte in Frankreich. Gemeinsam fahren wir an den Strand und schwimmen im Atlantik. Vermutlich beobachten wir viele Möwen, die sich dort sehr wohlfühlen. Am Strand suchen wir nach Muscheln, aus denen man Ketten anfertigen kann. Mit nackten Füßen spazieren wir durch den Sand. An dem Strand gibt es eine tolle Strandbar, meine Lieblingsbar. Dort verbringe ich die Abende beim Sonnenuntergang. Und sicher treffe ich alte Freunde, die ich schon von klein auf kenne.

2 **a** + **b**

Präsens	Futur I
sticht	wird stechen
fällt	wird fallen
brechen zusammen	werden zusammenbrechen
verdorren	werden verdorren
überwuchert	wird überwuchern
schlafen ein	werden einschlafen
weiterbrodelt	wird weiterbrodeln
schlummern weg	werden wegschlummern
sitzen	werden sitzen
werden bewegt	werden bewegt werden
dauert	wird dauern
nimmt	wird nehmen

c

	kämmen (Präsens)	kämmen (Futur I)	werden (Präsens)	werden (Futur I)
du	kämmst	wirst kämmen	wirst	wirst werden
wir	kämmen	werden kämmen	werden	werden werden
ihr	kämmt	werdet kämmen	werdet	werdet werden

Seite 57:

1

Mögliche Lösung:
In den Ferien werde ich Verwandte in Frankreich besuchen. Gemeinsam werden wir an den Strand fahren und (werden) dort im Atlantik schwimmen. Vermutlich werden wir viele Möwen beobachten, die sich dort sehr wohlfühlen. Am Strand werde ich nach Muscheln suchen, aus denen man Ketten anfertigen kann. Mit nackten Füßen werde ich durch den Sand spazieren. An dem Strand wird es eine tolle Strandbar geben, meine Lieblingsbar. Dort werde ich die Abende verbringen beim Sonnenuntergang. Und sicher werde ich alte Freunde treffen, die ich schon von klein auf kenne.

2 **a** + **b**

Präsens	Futur I
sticht	wird stechen
fällt	wird fallen
brechen zusammen	werden zusammenbrechen
verdorren	werden verdorren
überwuchert	wird überwuchern
schlafen ein	werden einschlafen
weiterbrodelt	wird weiterbrodeln
übrig ist	übrig sein wird
schlummern weg	werden wegschlummern
sitzen	werden sitzen
dauert	wird dauern
nimmt	wird nehmen

c

	kämmen (Präsens)	kämmen (Futur I)	werden (Präsens)	werden (Futur I)
du	kämmst	wirst kämmen	wirst	wirst werden
wir	kämmen	werden kämmen	werden	werden werden
ihr	kämmt	werdet kämmen	werdet	werdet werden

Seite 58:

6 **a** Es wurde das Präsens verwendet.

b Hier müsste das Futur I verwendet werden. Der Satz müsste also lauten: „ … bis nichts mehr übrig sein wird.“

c Es wurde das Präsens verwendet.

d Hier müsste das Futur I verwendet werden. Der Satz müsste also lauten: „ … werden nur noch vom Wind bewegt werden.“

7

Wenn nach hundert Jahren ein Prinz kommt, wird er Folgendes vorfinden: Die Prinzessin wird sich an einem Rosenbusch gestochen haben. Sie wird in einen tiefen Schlaf gefallen sein und mit ihr der gesamte Hofstaat. Die Bauern werden beim Ernten auf den Äckern zusammengebrochen sein, die Güter werden verdorrt sein und Unkraut wird das gesamte Feld überwuchert haben. Die Küchenhelfer werden beim Kochen eingeschlafen sein, während die Suppe weitergebrodelt haben wird, bis nichts mehr übrig gewesen sein wird. Die Ammen werden beim Schaukeln der Kinder weggeschlummert sein und die Kleinen werden mit geschlossenen Augen auf den Schaukeln gesessen haben und nur noch vom Wind bewegt worden sein.

Seite 61:

14

Lokaladverbien	Temporaladverbien	Modaladverbien	Kausaladverbien
hier	zuerst	zusammen	deswegen
hier	sofort	sehr	infolgedessen
dort	später	allerdings	dadurch
überall	sofort	sehr	
nirgends	abends	völlig	
	später	auch	
	bald		

Seite 62:

14

Lokaladverbien	Temporaladverbien	Modaladverbien	Kausaladverbien
hier	heute	echt	deswegen
hier	zuerst	kaum	somit
nebenan	danach	einigermaßen	da
dort	gerade	sehr	folglich
zurück	nachmittags	ganz	
	sofort	sogar	
	bald	allerdings	
	wieder	ziemlich	
	nie	noch	
		hoffentlich	

Seite 63:

14

Lokaladverbien	Temporaladverbien	Modaladverbien	Kausaladverbien
hier	morgens	echt	deswegen
hier	sofort	sogar	deshalb
dort	danach	nicht	folglich
überall	sofort	leider	somit
dort	jetzt	irgendwie	dadurch
unten	sofort	allerdings	dennoch
oben	bald	so	
ringsum	abends	besonders	
nirgends	postwendend		

Seite 64:

14

Lokaladverbien	Temporaladverbien	Modaladverbien	Kausaladverbien
hier	zuerst	echt	folglich
da	danach	nicht	deswegen
nebenan	sofort	besonders	dadurch
dort	gleich	ungefähr	folglich
hier	dann	echt	deswegen
überall	manchmal	so	
aufwärts	schließlich	natürlich	
rückwärts	danach	äußerst	
überall	abends	jedoch	
	noch	sehr	
	bald	genauso	
	gleich		
	sofort		
	schon		
	morgen		

Seite 66:

1

Adverbiale Bestimmung der Zeit
Adverbiale Bestimmung des Ortes
Adverbiale Bestimmung des Grundes
Adverbiale Bestimmung der Art und Weise

a Am Nachmittag treffen wir uns am Marktplatz, weil wir zusammen einkaufen wollen.

b Er hat meistens gute Laune, wenn er aus dem Sportstudio kommt.

c Auf der Autobahn war gestern überraschenderweise wenig Verkehr.

d Seine neue Frisur gefällt mir gut, weil sie mich an Justin Timberlake erinnert.

e Wenn ich mir im Café eine heiße Schokolade bestelle, hat sie so ein kunstvolles Sahnehäubchen.

f Heimlich schlich sie ins Zimmer ihrer älteren Schwester, um sich den Laptop auszuborgen.

g Sie mussten im Keller unbedingt für Ordnung sorgen, bevor die Nachmieter zur Besichtigung kamen.

h Auf Rollschuhen schoss sie durch die Bahnhofshalle, um den Handtaschendieb zu stellen.

i Manchmal, wenn ich durstig bin, mixe ich mir einfach in der Küche verschiedene Obstsäfte zusammen und verdünne sie mit Mineralwasser.

j Da mir das Buch nicht sonderlich gefiel, brachte ich es schleunigst in die Bibliothek zurück.

k Wegen der Beschwerden der Nachbarn dürfen wir in Zukunft im Garten keine laute Musik mehr hören.

Seite 69 ff.:

1

Frühzeitiges (Z. 1), verheerende (Z. 2), vergangenen (Z. 3), unvorhersehbarer (Z. 3), Reifenfabrik (Z. 4), befand (Z. 5), vorsätzlich (Z. 7), vermutlich (Z. 8), Funkenflug (Z. 9), Bevor (Z. 12), furchteinflößend (Z. 15), versprach (Z. 18), befahl (Z. 19), vorbildliche (Z. 20), fielen (Z. 24), Phantombilder (Z. 27), Verdächtigen (Z. 30)

2

Mögliche Lösungen:
frühzeitig → früher, Frühling; verheerend → verheerendes, verheerendem; vergangenem → Vergangenheit, Vergangenes; unvorhersehbarer → vorher, vorhersehbaren; Reifenfabrik → Fabrikat, Fabrikant; befand → finden, Fundsache; vorsätzlich → Vorsatz, vorsätzliches; vermutlich → Vermutung, vermuten; Funkenflug → Flugzeug, geflogen; bevor → bevorstehen, bevorzugen; furchteinflößend → flößen, Floß; versprach → versprechen, Versprechung; befahl → Befehl, befehlen; vorbildliche → Vorbildfunktion, Vorbild; fielen → fallen, gefallen; Phantombilder → Phantom, Phantomschmerz; Verdächtigen → verdächtigen, Verdacht

3

S	**N**	H	**T**	**R**	**E**	**F**	**F**	**E**	**R**	**T**	**L**	**L**	**O**	**V**	Y
N	**E**	**G**	**I**	**D**	**N**	**Ä**	**T**	**S**	**L**	**L**	**O**	**V**	**R**	**E**	**V**
B	**G**	V	**E**	**V**	**O**	**L**	**L**	**J**	**Ä**	**H**	**R**	**I**	**G**	X	**O**
S	**R**	J	**K**	**G**	**N**	**U**	**R**	**H**	**Ü**	**F**	**R**	**O**	**V**	P	**R**
B	**O**	A	**H**	F	Y	**V**	**N**	**E**	**B**	**E**	**G**	**R**	**E**	**V**	**S**
R	**S**	O	**C**	S	I	**E**	U	N	F	S	F	S	N	K	**I**
P	**R**	M	**I**	P	I	**R**	P	F	H	S	I	Z	O	P	**C**
V	**O**	**L**	**L**	**V**	**E**	**R**	**S**	**A**	**M**	**M**	**L**	**U**	**N**	**G**	**H**
Z	**V**	J	**S**	P	B	**A**	X	R	P	L	T	**I**	M	V	**T**
Y	I	A	**S**	H	N	**T**	B	F	C	H	H	F	H	G	**S**
W	**T**	**I**	**E**	**H**	**N**	**E**	**M**	**M**	**O**	**K**	**L**	**L**	**O**	**V**	**H**
Y	V	X	**G**	S	Q	**N**	K	F	O	R	O	E	V	U	**A**
R	V	G	**R**	O	M	E	A	F	Y	W	C	Q	W	N	**L**
V	Q	**V**	**E**	**R**	**S**	**T**	**A**	**N**	**D**	N	Y	T	M	R	**B**
Y	Q	N	**V**	**O**	**R**	**B**	**E**	**R**	**E**	**I**	**T**	**U**	**N**	**G**	**E**
Q	A	W	M	Y	T	B	M	U	W	R	Q	J	G	L	**R**

vergeben, Vergesslichkeit, verraten, Verstand, vervollständigen, volljährig, Vollkommenheit, Volltreffer, Vollversammlung, Vorbereitung, Vorführung, vorsichtshalber, vorsorgen

Ausstellung

Ziele

- Die Schüler erklären sich gegenseitig unterschiedliche Lerninhalte und werden so zu Experten ihres Themas.
- Sie übernehmen Verantwortung und lernen durch lehren.
- Sowohl genaues Zuhören als auch eigenständiges Vermitteln werden geschult.
- Soziale Kompetenzen werden gestärkt.
- Die Organisations- und Strukturierungsfähigkeit der Schüler wird gefördert.
- Die Schüler üben sich im Präsentieren.

Voraussetzungen

- Die Schüler können einander aufmerksam zuhören.
- Sie sind in der Lage, sich stichpunktartig Notizen zu machen.
- Der Klassenraum bietet ausreichend Platz.
- Die Schüler können Lernplakate strukturiert gestalten.

Vorgehensweise

Während der Vorbereitungsphase erarbeiten die Schüler zu dritt oder zu viert ein Unterrichtsthema und gestalten dazu ein Lernplakat mit den wichtigsten Inhalten. In der sich anschließenden Ausstellungsphase werden die Lernplakate so im Klassenraum ausgehängt, dass genügend Platz zwischen ihnen ist. Ein Gruppenmitglied bleibt bei dem Lernplakat der Gruppe. Alle anderen gehen durch den Klassenraum und lassen sich an den Plakaten der anderen Gruppen über die fremden Unterrichtsinhalte informieren. Sie notieren dabei die wichtigsten Aspekte stichpunktartig. In der Informationsphase kommen die Schüler wieder in ihren ursprünglichen Gruppen zusammen und informieren die Mitschüler mithilfe ihrer Notizen über das Gehörte/Gesehene.

Hinweise/Tipps zur Durchführung

- Die Anfertigung von inhaltlich und strukturell gelungenen Lernplakaten kann sehr zeitintensiv sein. Investieren Sie unbedingt ausreichend Zeit in die sorgfältige Ausgestaltung, denn je ungenauer während dieser Phase gearbeitet wird, desto geringer ist am Ende der Lernerfolg der Klasse insgesamt.
- Lassen Sie frühzeitig zum jeweiligen Thema Bilder mitbringen, die für das Lernplakat genutzt werden können, oder stellen Sie selbst eine kleine Auswahl zur Verfügung. In diesem Fall sollten aber nicht nur Bilder zur Verfügung stehen, die unbedingt auf das Lernplakat sollen. Auch die Diskussion über die Bildauswahl innerhalb der Gruppe bedeutet einen Lernerfolg und Kompetenzzuwachs.
- Entweder sollten die Schüler bereits mit bewusster Layoutgestaltung vertraut sein oder aber mithilfe dieser Methode und einer anschließenden Reflexion darin geschult werden.
- Legen Sie klare Regeln fest, wie viele Personen sich vor einem Plakat aufhalten dürfen, damit vermieden wird, dass sich alle an einer Stelle tummeln, während andere Gruppen nicht zum Präsentieren ihrer Ergebnisse kommen.
- Planen Sie eine Möglichkeit ein, den Lernzuwachs zu sichern und zu überprüfen, z. B. einen Fragebogen zu allen ausgestellten Themen (auch und besonders an die „Nicht-Experten“).

Brainwriting

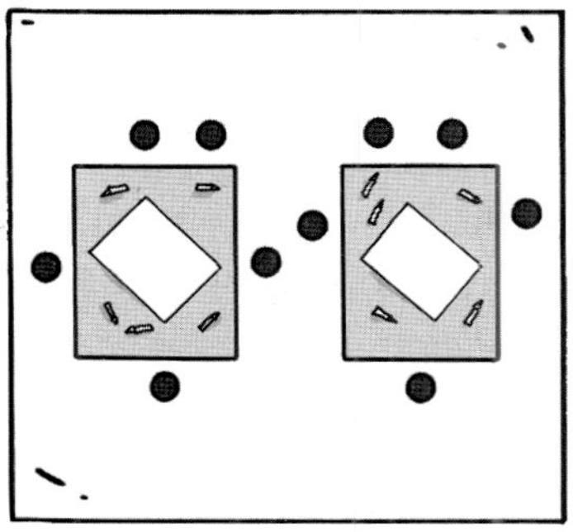

Ziele

- Die Schüler entwickeln eigene Ideen und Lösungsmöglichkeiten, sodass unterschiedliche Perspektiven aufeinandertreffen und gemeinsam weiterentwickelt werden.
- Gedankengänge bzw. Diskussionsverläufe werden für die Schüler nachvollziehbar.
- Die Schüler werden im Argumentieren geschult und reagieren auf Äußerungen sowie Meinungen anderer.
- Durch die zielorientierte Beteiligung der Schüler erhöht sich deren effektive Lernzeit.

Voraussetzungen

- Die Schüler akzeptieren die Meinungen anderer.
- Sie sind in der Lage, Argumente aufzugreifen und weiterzuentwickeln.
- Die Schüler sind am Austausch interessiert.

Vorgehensweise

Die Klasse wird möglichst in Vierergruppen eingeteilt. Für jede wird ein Gruppentisch mit Brainwriting-Plakat und Stiften eingerichtet. Nachdem die Lehrkraft ein Thema vorgegeben hat und das Startsignal erfolgt ist, schreibt jeder Schüler etwas zu dem Thema auf das Plakat. Wie im herkömmlichen Brainstorming sind alle Gedanken zugelassen. Nach einer festgelegten Zeit gibt die Lehrkraft ein Wechselsignal und die Gruppen gehen an den nächsten Tisch, wo sie auf die Äußerungen der Mitschüler schriftlich, also wortlos, reagieren.
Diese Phase endet, sobald die Gruppen an ihren Ausgangstischen wieder angekommen sind. Sie soll nun die Ergebnisse auf ihrem Brainwriting-Plakat strukturieren und eventuell in einem Cluster anordnen, um sie später dem Plenum zu präsentieren.

Hinweise/Tipps zur Durchführung

- Legen Sie eine konkrete Zeit – abhängig vom Lerninhalt, dem Leistungsstand der Klasse, dem Jahrgang und der Vertrautheit mit der Methode fest. Es sollten drei Minuten zur Meinungsfindung und -notation gehören. Da so bei sechs Gruppentischen bereits 18 Minuten für das Brainwriting benötigt werden, wird die Zeit für Strukturierung, Auswertung und Präsentation in derselben Unterrichtsstunde knapp. Gegebenenfalls kann zuhause an abschließenden Ideen weitergearbeitet werden und die Präsentation in der Folgestunde stattfinden.
- Je vertrauter die Schüler mit dieser Methode sind, desto eher können auch arbeitsteilige Themen oder Fragestellungen gestellt werden.
- Die Methode eignet sich vor allem zum Einstieg in ein neues Thema.

Dreiergespräch

Ziele

- Die Schüler üben oder wiederholen bekannte Lerninhalte oder nähern sich einem neuen Thema durch persönliche Erfahrungen.
- Jeder einzelne Schüler ist involviert und muss sich einbringen.
- Die Schüler erfahren mehrere Perspektiven zum Unterrichtsthema.
- Soziale und kommunikative Kompetenzen werden gestärkt, insbesondere das aktive Zuhören.
- Individuelle Wissenslücken werden erkannt und von Mitschülern verbessert.
- Das Zeitgefühl wird geschult.

Voraussetzungen

- Schüler sind sozial dazu in der Lage, miteinander in Kommunikation zu treten und aktiv zuzuhören.
- Es herrscht ein ruhiges und vertrauensvolles Klassenklima.

Vorgehensweise

Die Schüler gehen in Dreiergruppen zusammen und erhalten von der Lehrkraft 10–15 Karteikarten, auf denen Einzelaspekte des aktuellen Unterrichtsthemas notiert sind. Die Karten werden offen auf dem Tisch verteilt. Ein Schüler wählt eine Karte aus und erzählt, was er zu diesem Thema weiß. Die Redezeit wird vorher festgelegt, sollte aber in der Regel 2 Minuten nicht überschreiten.

Nach Ablauf der Redezeit bittet er einen der Zuhörer, die 2–3 wichtigsten Inhalte zusammenfassend zu wiederholen. Danach ist dieser Schüler mit seinem 2-Minuten-Vortrag an der Reihe.

Nach Beendigung dieser Phase können Unklarheiten im Plenum thematisiert werden.

Hinweise/Tipps zur Durchführung

- Diese Methode bietet sich insbesondere zu einer Meinungsabfrage an, aber auch um vertiefend zu wiederholen. Beispielsweise können vor einer anstehenden Klassenarbeit Lerninhalte wiederholt und Probleme im Dreiergespräch identifiziert werden.
- Die Methode kann auch variiert werden, indem die Karteikarten verdeckt auf den Tisch gelegt werden. Allerdings sollten dann alle Schüler auch gleichzeitig ziehen und 5 Minuten Zeit haben, ihren Vortrag stichpunktartig zu strukturieren. Diese Variante bietet sich vor allem für leistungsstärkere Schüler an.
- Achten Sie darauf, dass die Redezeit von allen eingehalten wird. Einigen wird die Zeit unendlich lang vorkommen, andere könnten sicher noch weiterreden. Während die Erstgenannten intensiver nachdenken, um die Zeit zu füllen, müssen die anderen üben, sich auf das Wesentliche zu konzentrieren. Arbeiten Sie mit einem klaren Tonsignal, das für alle gleichermaßen gilt.

Lerntempoduett (Lerntempogruppe)

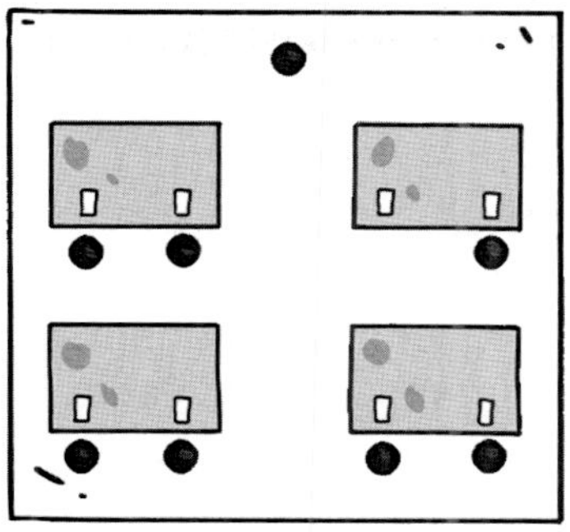

Ziele

- Die effektive Nutzung der Lernzeit wird erhöht.
- Das individuelle Lerntempo wird stärker berücksichtigt und somit eine einfache Differenzierung nach Leistungstempo und -niveau ermöglicht.
- Die individuellen Fähigkeiten der Schüler werden besser berücksichtigt und dadurch deren Motivation erhöht.
- Es entstehen Redeanlässe und somit die Möglichkeit des kommunikativen Austauschs und der gegenseitigen Unterstützung.
- Unterschiedliche Lösungsansätze werden gemeinsam abgeglichen.

Voraussetzungen

- Die Schüler kennen Verhaltens- und Kommunikationsregeln für Partner- und/oder Gruppenarbeit.
- Sie sind sozial in der Lage, mit einem anderen Lernpartner zusammenzuarbeiten oder sollen darin geschult werden.

Vorgehensweise

Die Schüler arbeiten zunächst alleine, aktivieren so ihr individuelles Vorwissen oder erarbeiten neue Inhalte. Sobald ein Schüler mit der Aufgabe fertig ist, steht er auf und positioniert sich für andere sichtbar an einer vorher abgesprochenen Stelle – dem Treffpunkt – im Klassenzimmer, um zu signalisieren, dass er fertig ist. Der Nächste, der seine Arbeit beendet hat, holt ihn ab, sie suchen sich einen freien Platz und arbeiten gemeinsam weiter. Die weitere Zusammenarbeit besteht in der Regel aus dem Abgleich der bisherigen Ergebnisse und gegebenenfalls einer weiteren Vertiefung des Themas.

Hinweise/Tipps zur Durchführung

- Machen Sie den Treffpunkt kenntlich; besonders bei jüngeren Schülern bietet es sich an, ein laminiertes Schild „Treffpunkt“ aufzuhängen, das anzeigt, wo auf den Lernpartner gewartet werden soll.
- Für eine reibungslose Durchführung sollte ausreichend Platz zur Verfügung stehen. Zum einen um den Treffpunkt zu installieren, zum anderen sollte mindestens ein freier Tisch zur Verfügung stehen, an dem das erste Lernduett weiterarbeiten kann.
- Unnötige Materialien sollten vorher von den Schülertischen entfernt werden, da die Schüler im Laufe der Arbeitsphase die Plätze wechseln.
- Achten Sie auf eine effektive Nutzung der Lernzeit. Es sollen keine größeren Wartezeiten an dem Treffpunkt entstehen. Manche Schüler neigen dazu, darauf zu warten, mit dem „besten Freund“ zu arbeiten. Eventuell muss steuernd eingegriffen werden.
- Bei arbeitsteiliger Arbeit können die Arbeitsmaterialien in unterschiedlichen Farben gestaltet werden, sodass die Schüler von Weitem sehen, welche Aufgaben die wartenden Lernpartner bearbeitet haben.
- Die Methode bietet sich für Lerntempoduette an, aber auch für Kleingruppen mit maximal 3 Personen. Bedenken Sie, dass sich die Lernzeit mit wachsender Gruppengröße unverhältnismäßig erhöht und damit ungenutzt verstreicht.

Runder Tisch

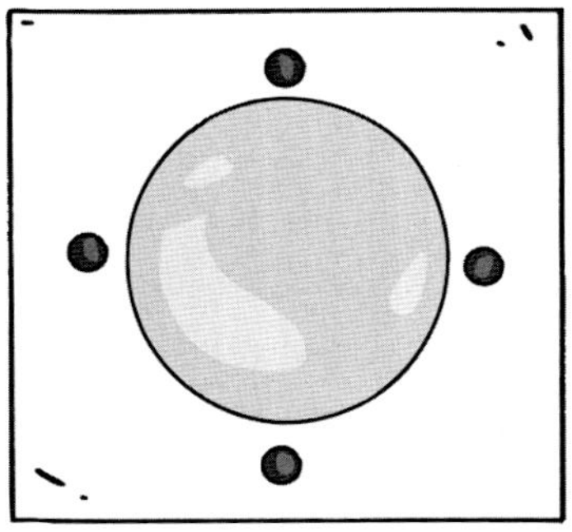

Ziele

- Die Schüler helfen und unterstützen sich gegenseitig.
- Sie kontrollieren eigenständig die Ergebnisse ihrer Mitschüler und formulieren Lösungsvorschläge.
- Individuelle Lernschwächen werden erkennbar.
- Die Teamfähigkeit wird geschult.
- Die kommunikative und soziale Kompetenz wird gefördert.
- Verschiedene Lösungsmöglichkeiten werden erläutert und abgeglichen.

Voraussetzungen

- Die Schüler sind in der Lage zusammenzuarbeiten und zeigen Bereitschaft, einander zu helfen.
- Die Schüler können eigenständig mit notwendigen (dem Fach entsprechenden) Hilfsmitteln umgehen und diese evtl. zur Problemlösung nutzen.
- Es herrscht eine ruhige und ausgeglichene Klassenatmosphäre.

Vorgehensweise

4–5 Schüler sitzen an einem Gruppentisch. Jeder erhält von der Lehrkraft ein Blatt mit Aufgaben oder Fragen und löst/beantwortet diese in Einzelarbeit. Nach Ablauf der vorgegebenen Zeit werden die Blätter im Uhrzeigersinn weitergereicht. Der Nächste liest den ihm vorliegenden Text und kontrolliert/erweitert/korrigiert diesen oder schreibt Bearbeitungshinweise an den Rand.

Der nächste Schüler kann nun wahlweise auf das ursprünglich Geschriebene oder auf die neuen Vorschläge reagieren.
Diese Vorgehenswiese wird wiederholt bis der eigene Text wieder angekommen ist.

Der Schreiber kann nun seine Ergebnisse mit den Hinweisen der Mitschüler abgleichen und eventuell Strategien übernehmen oder anpassen oder bei anhaltenden Lernschwierigkeiten die entsprechenden Lernpartner um tiefergehende Erläuterungen bitten.

Hinweise/Tipps zur Durchführung

Diese Methode lässt sich auf viele unterschiedliche Arten und Weisen einsetzen:

- arbeitsgleich: Die Schüler können schneller und gezielter auf bereits Geschriebenes reagieren, weil sie sich in der eigenen Arbeitsphase mit dem gleichen Lerngegenstand auseinandergesetzt haben.
- arbeitsteilig: Die Schüler benötigen mehr Zeit, um sich auf die Vorgaben einzulassen. Das Unterrichtsthema kann aber breiter gefächert angeboten werden
- zur Ideenfindung: Die Methode ähnelt dann dem Schreibgespräch: Der erste notiert seine Ideen und Gedanken, der nächste äußert sich dazu usw.